まだまだ知らないことだらけ!

地理・地図・地名からよくわかる!

ニッポンの謎87

浅井建爾
ASAI Kenji

JIPPI Compact

実業之日本社

はじめに

日本の地形や地名などで「なぜ?」と疑問を感じたら、まずその疑問を解き明かしてみることだ。地図を開き、事典など地理関係の書籍を読んだりしていると、思わぬ発見をすることがある。いろいろ調べているうちに、日本の歴史の一端を知ることもできるだろう。

たとえば、東京の山手線に御徒町《おかちまち》という駅がある。上野と秋葉原の中間にある駅だ。この御徒町という地名を見て、なにか感じたことはないだろうか。馴染《なじ》みのある地名なので特に気に留めないかもしれないが、よく考えてみると、どこかがおかしいのだ。このように、地名に疑問を持つことが、地理に興味を抱く第一歩ではないかと思う。

乗り物に乗らないで、歩くことを「徒《かち》」といい、江戸時代、将軍の護衛を行うため歩いて先導役を務めた下級武士のことを徒侍《かちざむらい》と呼んでいた。御徒町は、下級武士の徒侍の居住地に由来した地名である。

では、なぜ地名に敬称をつけているのだろう。御神田町、御日本橋、御有楽町、御人形町などと言っているようなもので、本来は「徒町」、あるいは「徒侍町」であってもいいはずだ。それなのに、なぜ下級武士の住んでいるところに敬意を表わす「御」の文字を用いているのか不思議である。その理由をあれこれ調べ、解明していくことが地理の面白さである。

学校の授業ではあまり重要視されていない地理だが、社会に出てみると地理の知識がいかに大切であったのかを実感するだろう。人と接する機会の多い人は特にそれを痛感するに違いない。日常の生活でも地理は欠かせない。テレビを見ていると、気象情報などでは日本地図が頻繁に出てくるし、毎日報道されるニュースでも日本の都市などの地名やその位置を知らないと、どこで発生した事件なのかピンと来ない。地理の知識は毎日の生活には欠かせないものである。

知っているつもりでも、意外に知らないことが多いものだし、間違って覚えていることも少なくない。そういったことを再確認する意味でも、日頃から地図に慣れ親しみ、本書をぜひ一読してほしい。

CONTENTS

第2章 日本の海岸線は地球の4分の3周以上ある!

——多様性に富んだ日本の地形

第3章 全市町村の45%は過疎地だった！
――合併・分裂がまだまだ続く日本の市町村

第6章 「ゆすり」の語源は「街道」にあり！
——まだまだ知らない日本の文化と歴史

カバーデザイン・イラスト／杉本欣右
本文レイアウト／Ｌｕｓｈ！
本文図版／岡本倫行

第1章

日本一標高が低い陸地はどこか？

——地図・地名からわかる日本の自然

1 札幌から、赤道と北極点はどっちが近い？

札幌から北極点と赤道のどちらが近いのかということは、地図好きの人にとっては常識的なことだが、普通の人にはそれほど優しい問題でもないらしい。この質問を道行く人に投げかけたとすると、おそらく半数近くの人が間違えるのではないだろうか。要するに、札幌市を北緯何度の緯線が通っているのかを分かっていない人が多いのである。自分たちの住んでいる町の緯度が何度なのかを正確に知っている人は、ほとんどいないのではないかと思われる。

日本が赤道より北、つまり北半球にある国であることは誰でも知っているが、北半球のどのあたりに位置しているのかがよく分かっていない。北海道というと日本では最も寒い地域で、冬になるとオホーツク海沿岸は流氷に閉ざされる。流氷に覆われたオホーツク海を見ると、そこから北極点まではそんなに遠くはないと錯覚してしまう人が少なくないようだ。しかし、北海道から北極点までは思いのほか遠い。札幌市からだと、北極点より赤道までのほうが近いのである。

赤道は北緯（南緯）０度。北極点は北緯90度だ。ということは、北緯45度が北極点と赤道の中間点ということで、札幌を北緯何度の緯線が通っているかがポイントになる。札幌市の中心部にある北海道庁を通っている緯度は、北緯43度03分51秒。つまり、札幌市は北極点と赤道の中間点より南に位置しているのだ。

それを距離で表わすと、どれだけの違いがあるのだろうか。地球の周囲は約４万km。北極点から赤道までの距離は、その４分の１の約１万km（正確には１万１・９７km）である。緯度１度の距離はこの90分の１で、１１１・１３３km。１分は１度の60分の１だから、距離にすると１８５２m。１秒はさらにその60分の１で、距離にすると31mということになる。これを元に計算してみると、北海道庁から赤道までの距離は４７８５・８５km。北海道庁から北極点までの距離は５２１６・１２kmになる。ということは、北海道庁から赤道までのほうが４３０・２７km近いのである。日本最北端の宗谷岬《そうやみさき》から約70km南にある幌延町《ほろのべちょう》が、北極点と赤道のほぼ中間地点になる。

これが北極圏までとなると話は違ってくる。北極圏の南限は北緯66度33分で、ここが気候区分の寒帯と温帯の境界線になっている。距離にすると、北極点から約２６０６km南までの範囲が北極圏なのである。北極点と北極圏を混同しやすいが、これからもわかるように両者には大きな違いがある。北極点と札幌市のほぼ中間点が、北極圏の南限になる。

2 日本の最南端の地はベトナムより南？

日本の最北端は北海道の宗谷岬（北緯45度31分・東経１４１度56分）だが、北方領土を含めれば択捉島《えとろふとう》のカムイワッカ岬（北緯45度33分、東経１４８度45分）が日本の最北端になる。また、日本の最東端は小笠原《おがさわら》諸島の東端に浮かぶ南鳥島《みなみとりしま》（北緯24度17分・東経１５３度59分）、最西端は台湾と目と鼻の先にある沖縄県八重山《やえやま》列島の西端に浮かぶ与那国島《よなくにじま》の西崎《いりざき》（北緯24度27分・東経１２２度56分）、そして日本最南端の地は、太平洋上に浮かぶ沖ノ鳥島《おきのとりしま》（北緯20度25分・東経１３６度04分）である。これらの地名は、多少なりとも地図をかじったことのある人ならおそらく知っているだろう。また、沖ノ鳥島が東京都の管轄で、消滅の危機にさらされていることも、テレビなどでしばしば取り上げられているので比較的よく知られるようになった。

しかし、沖ノ鳥島がどれくらい南にある島なのか、東京から何キロくらい離れているのかとなると、かなり曖昧な答えしか返ってこない。沖ノ鳥島の経緯度をいってもピンとこないだろうが、東経は１３６度04分で琵琶湖の中央部とほぼ同じ経度である。つまり、琵琶湖の中央部から南極点に向かって、真っ直ぐ南に突き進めば沖ノ鳥島にぶつかることになる。

では、北緯20度25分はどのあたりになるのか。日本の本土に同緯度の地点がないので、どれくらい南なのかつかみにくいが、外国の位置と照らし合わせてみると、沖ノ鳥島がいかに南にある島なのかが理解できる。

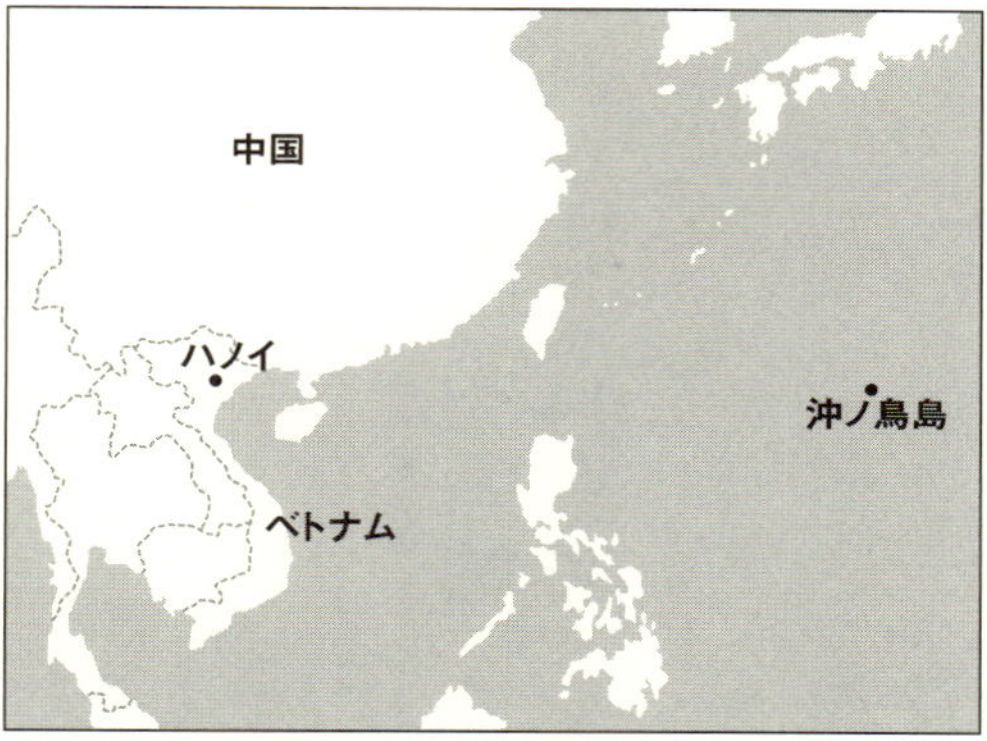

図1　日本最南端はベトナムの首都ハノイより南にある

沖ノ鳥島は、ベトナムの首都ハノイよりも南に位置しているのだ（図1）。ベトナムといえば、インドシナ半島の一角を形成している南の国だ。そのベトナムの首都ハノイより、沖ノ鳥島のほうが南に位置しているというのだから、意外だと感じる人は少なくないはずだ。また、沖ノ鳥島は西太平洋上に浮かぶマリアナ諸島の北端とほぼ同緯度になる。マリアナ諸島は、リゾート地として日本人に人気のあるグァム島が主島の島しょ群である。東京から沖ノ鳥島までは約１７５０㎞、沖ノ鳥島からグァム島までは約１２００㎞。日本の本土より、グァム島のほうがはるかに近い南海の孤島なのである。島そのものにはさほど価値があるとは思えない南海の孤島だが、この孤島のお蔭で排他的経済水域が驚くほど広くなっており、日本の漁業はずいぶん助けられている。

一方、日本最北端の宗谷岬は、カナダのモントリオールやイタリアのミラノとほぼ同緯度。フランスのパリより約３５０km、イギリスのロンドンよりは約６５０kmも南に位置している。

3 「地球33番地」と「地球44番地」とは

高知市に「地球33番地」という不思議な地名がある。いや、地名というより「地点」といったほうがいいだろう。そこに人が住んでいるわけではないし、かといって特に見どころがあるわけでもない。だが、世界でもきわめて珍しい、知る人ぞ知る隠れた名所なのである。

「地球33番地」とは、経度と緯度の「３」という数字が12個並んでいる地点なのだ。１９６２（昭和37）年に、高知ロータリークラブがこの地点を「地球33番地」と名づけ、そこに白いモニュメントを建てた。高さ５ｍほどのコンクリートでつくられたもので、下の部分は三角測量の三脚、上部は宇宙に向かって手を広げたような形をしている。

日本の標準時子午線は東経１３５度。そして、高知市にはたまたま東経１３３度33分33秒の子午線と、北緯33度33分33秒の緯線が通っていた。これに着目し、市民に高知市の経緯度の位置を理解してもらうと同時に、町おこしにこれを活用しようという狙いもあって、モニュメントが建てられたのだ。平成3年には「地球33番地」実行委員会が設立され、各種イベントや地域に密着したさまざまな活動が行われており、モニュメントがある一文橋公園では、毎年「地球33番地記念式典」が催されている。

高知市にある「地球33番地」のモニュメント
Bakkai CC BY 3.0

陸地で経度と緯度の同じ数字が12個並ぶ地点は、高知市を除けば世界に9ヵ所しかないという。しかも、同数字が並んでいる外国の他の地点は、砂漠の中だったり草原だったりして、その地点にたどり着くのが容易ではないらしい。3が12個並ぶ地点が市街地の中にあるのは、世界で高知市だけだというから凄い。

東経133度33分33秒の経線と、北緯33度33分33秒の緯線が交わっている「地球33番地」は、高知市の中心部を流れている江ノ口《えのくち》川のほぼ中央にあり、そこにシンボル塔が建てられている。しかし、日本では2002(平成14)年から、経緯度の測量基準が日本独自の「日本測地系」から国際機関で定められた「世界測地系」に移行したことによって、実際には東経と北緯の正確な地点が南東へ約450m移動している。

では、「3」が並ぶのが高知市なら「4」の数字が12個並ぶ地点、すなわち「地球44番地」はどこにあるのだろうか。日本国内に存在するのだろうか。日本列島は北緯31度から46度まで、東経130度から146度までの範囲に横たわっている。ちなみに日本最北端の宗谷岬は北緯45度31分、最東端の納沙布《のさっぷ》岬は東経145度49分。北緯44度44分44秒は宗谷岬より南だし、東経144度44分44秒の地点は納沙布岬より西になる。ということは、「地球44番地」は日本の領域にあるということになる。

だが、喜ぶのは少し早い。地球44番地は陸地ではないのだ。北海道の地形を思い浮かべてもらえればわかるが、最北端の宗谷岬から東北端の知床《しれとこ》岬にかけて陸地が大きくえぐり取られたような形になっており、そこにオホーツク海が満々と海水を湛えている。「地球44番地」は陸地がえぐられた部分、つまりオホーツク海の中にあるのだ。だが、網走《あばしり》から北東へ80㎞ほどしか離れていない。地球規模からすればほんのごくわずかだ。この地点がもし網走市内にあれば、おそらく観光名所になっていたに違いない。まったく残念である。

4 ブラジルまで最も遠いのは何県だろう

日本から最も遠くにある国が、南アメリカ大陸のブラジルだということはよく知られている。南米への海外旅行と聞いただけで、二の足を踏んでしまうという人も少なくない。太平洋の対岸にあるサンフランシスコや、ロサンゼルスでもいいかげん遠いと思っているのに、その2倍以上もの距離があるところなのだから、二の足を踏むのも当然のことだろう。では、日本のどこからブラジルまでが最も遠いのか、最も近いのはどのあたりなのか、となるとかなり難しい問題だ。

日本の経緯度の原点は、東京都港区麻布台《あざぶだい》2丁目のロシア大使館の裏手にあり、丸い形をした金属製の「日本経緯度原点」標が埋め込まれている。その経緯度は東経139度44分、北緯35度39分である（端数切り捨て）。その真裏は地球半周分にあたる180度を足した地点になるが、東経は180度までしかないから、西経40度16分が真裏の経度だということになる。北緯35度39分の正反対の地点は、南緯35度39分だ。この経線と緯線が交わった地点が真裏だということになるが、それがどのあたりかというと、南米大陸上ではなく、ブラジル

図2　ブラジルまで最も遠い県は？

の沿岸から１５００kmほど離れた大西洋上になる。

日本の全土がそっくり大西洋上になるのかというとそうではない。日本列島は東北から南西に向かって、細長く弧状に連なっている。その日本列島を地球の裏側へ持っていくには、上下と左右をひっくり返さなければならない。そうすると、南西諸島の吐噶喇《とから》列島から琉球諸島にかけての地域が南米大陸上に乗っかる。したがって、沖縄県のどの地点からでも地球の真裏は南米大陸上だということになる。つまり、ブラジルから最も遠い都道府県は沖縄県なのである（図２）。

逆にブラジルに最も近いのは北海道である。宗谷岬から知床岬にかけてのオホーツク海沿岸が、ブラジルに最も近い地域だということになる。メルカトル図法の世界地図を見慣れている人は錯覚しやすいが、北海道から飛行機に乗って最短距離でブラジルへ向かうには、東南方向ではなく、東に向かって太平洋上を飛んでいかなければならない。

5 瀬戸内海に面している都道府県庁所在地はいくつある？

瀬戸内海が、本州西部の中国地方と四国の間に横たわる狭い海域であるということは誰でも知っているが、どこからどこまでが瀬戸内海に属すのかということになると、戸惑う人が少なくない。関門海峡から東、淡路島から西の海域が瀬戸内海だと信じて疑わない人もいるし、大阪湾も瀬戸内海の一部だと思っている人も少なくない。昔から瀬戸内海の範囲が一定していたわけではなく、現在でも法令によって範囲が異なっていたりするので止むを得ないだろう。瀬戸内海環境保全特別措置法では、愛媛県南西岸の宇和海《うわかい》や、関門海峡の日本海側にある響灘《ひびきなだ》の一部までもが瀬戸内海に含まれている。

領海法（領海及び接続水域に関する法律）によると、東は四国最東端の蒲生田岬《がもうだみさき》と紀伊半島の日ノ御埼《ひのみさき》を結ぶライン、西は四国最西端の佐田岬《さだみさき》と大分県の佐賀関半島先端の関崎《せきざき》を結ぶライン、それに関門海峡西端の竹ノ子島《たけのこじま》と洞海湾《どうかいわん》を結ぶラインの内側の海域を瀬戸内海と定義している。ということは、領海法に従えば兵庫、岡山、広島、山口、福岡、大分、愛媛、香川、徳島、和歌山、大阪の11府県が瀬戸内海に面しているということになる（図3）。都道

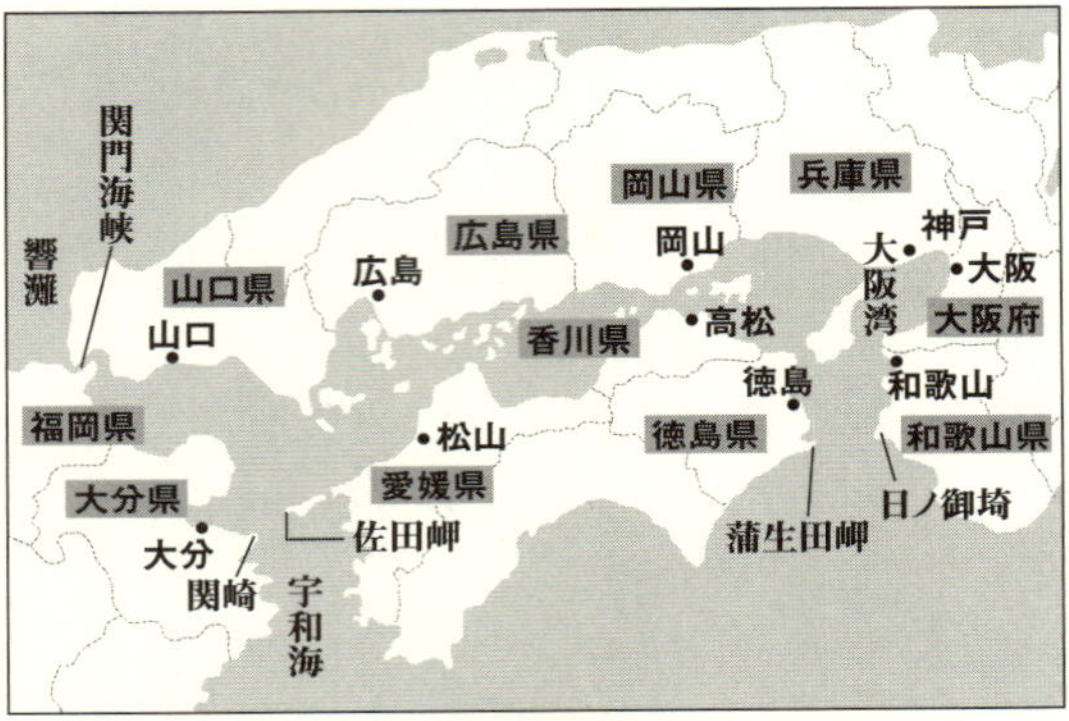

図3　瀬戸内海に面している府県庁所在地

府県庁所在地では玄界灘《げんかいなだ》側にある福岡市を除いた10都市が瀬戸内海に面している。瀬戸内海の外側にあると思われている和歌山市や徳島市も、瀬戸内海沿岸の都市だといっても差し支えないのである。１９３４（昭和９）年に、日本で最初の国立公園として誕生した瀬戸内海国立公園の領域も、現在では大阪府を除く10県にまたがっている。

瀬戸内海は南北10〜60km、東西は約４５０kmもあり、そこに淡路島をはじめ小豆島《しょうどしま》、大三島《おおみしま》、屋代島《やしろじま》、厳島《いつくしま》など３０００余りの小島が浮かんでいる（満潮時に周囲１００ｍ以上ある島は７２７島）。その多島風景の美しさから、「東洋のエーゲ海」と称されている。平均水深は約38ｍと比較的浅い海域だが、東から西に行くほど深くなっていき、豊予《ほうよ》海峡（速吸瀬戸《はやすいせと》）には水深４５０ｍ以上の地点もある。海峡や水道、瀬戸など、海が狭まっているところが多いのも瀬戸内海の特徴で、明石《あかし》海峡や鳴門《なると》海峡、来島《くるしま》海峡など、幅の狭い水路は１００ヵ所以上にも上る。瀬戸内海は古代から九州と畿内を結ぶ海の交通路として、また、江戸時代には西廻り航路の一部として重要な役割を担っていた。しかし、これらの海域は干満の落差が大きく潮流が速いため、昔から海難事故が絶えなかった。かといって、海峡や瀬戸を避けて通ることはできず、瀬戸内海は西廻り航路最大の難所として恐れられていた。

現在は瀬戸大橋や瀬戸内しまなみ海道など本四連絡橋の完成で、海上交通はかつてほど重要視されなくなっているとはいうものの、今も瀬戸内海には多くの定期航路が運航されている。

6 かつて青森県は岩手県より大きい県だった

岩手県は北海道を別にすれば日本で最も広い。面積1万5279㎢と、四国にも匹敵する巨大な県である。東京都の約7倍、隣接する青森県（9607㎢）の1・6倍もの大きさがあるのだが、かつては岩手県より青森県のほうが大きな県だった。もっとも、それは明治初期のわずかの間だけの話なのだが。

1871（明治4）年7月に実施された廃藩置県《はいはんちけん》で、この地域では弘前《ひろさき》、黒石《くろいし》、八戸《はちのへ》、七《しち》戸《のへ》、斗南《となみ》、館《たて》の各藩が県となり、同年9月、これら6つの県が合併して弘前県が誕生した（2週間後に青森県と改称）。ここにある館藩とは、北海道の渡島《おしま》半島の南西部を治めていた旧松前藩のことである。つまり当時は北海道にも青森県の領域の一部が存在し、「青森県の北海道」ともいわれていた。さらに、現在の岩手県の二戸《にのへ》郡も青森県の領域になっていたので、いまよりはるかに広大な県だった。

旧館県の面積は1980㎢、二戸郡は1180㎢。この両地域の面積を、現在の青森県の面積に加えると1万2767㎢、日本で4番目に広い新潟県をも上回る面積になる。岩手県から二戸郡の面積分を差し引くと1万4098㎢になる。これでもまだ岩手県のほうが広いが、当時は岩手県の南部と宮城県の北部を領域とする磐井《いわい》県が存在していたので、岩手県は現在よりかなり小さな県だった。つまり、青森県のほうがはるかに大きな県だったのである。

だが、青森県が広大な面積を誇っていたのはたったの1年という、あまりにも短い間だった。津軽《つがる》海峡にまたがった両地域を、一つの県が管轄するには無理があったようだ。青森県は、行政を運営していく上でお荷物になっていた旧館県地区の管轄免除を政府に申請し、それが認められて1972（明治5）年9月に、旧館県が開拓使に移管された。これで青森県は、面積が15％ほど小さくなった。さらに1976（明治9）年5月には、二戸郡も岩手県に移管され、青森県は現在の広さになったのだ。

一方の岩手県はというと、二戸郡を青森県から譲り受けたばかりではなく、その1ヵ月前には、解体された磐井県のうちの陸中3郡が岩手県に編入され、現在のような広大な岩手県が誕生した。今でこそ青森県は、面積で岩手県には到底及ばないが、青森県のほうが岩手県より大きな時代もあったのである。

7 「河内」は大国、「和泉」は下国

現在の行政区分は47都道府県だが、明治になるまでは古代律令制のもとで確立された五畿《ごき》七道《しちどう》が日本の行政区分だった。五畿は畿内ともいい、大和《やまと》、山城《やましろ》、河内《かわち》、摂津《せっつ》、和泉《いずみ》の5国からなり、今でいう首都圏を形成していた。畿内を中心に全国を東海道、東山道、北陸道、山陰道、山陽道、南海道、西海道の7道に分け、さらに68国（66国2島と数えることもある。2島は対馬《つしま》と壱岐《いき》）に区分されていた。

各国には中央から派遣された「国司《こくし》」といわれる地方官が赴任し、行財政、司法、軍事、祭祀などすべてを取り仕切り、絶対的な権限を有していた。また、国司は守《かみ》（長官）、介《すけ》（次官）、掾《じょう》（判官）、目《さかん》（主典）の4等官で構成され、その下に史生《ししょう》（下級官）を置いた。

現在の行政区分の都道府県は、面積の大小や人口の多い少ないにかかわらず、同格の自治体として扱われ、同等の権限を有しているが、律令国家の各国は同等ではなかった。

延喜式《えんぎしき》（養老律令の施行細目を集大成した平安中期に編纂された法典）によると、各国は人口や財政力などにより、大国《たいこく》、上国《じょうこく》、中国《ちゅうごく》、下国《げこく》の4等級にランク付けされ、国司の格や人数、納税などさまざまな面で差別化されていた。いうまでもなく「大国」が最上位の等級で、人口が多く、土地面積も広く、経済力を備えていた。反対に土地面積が狭く、人口も少なく、財政力の乏しい国が「下国」に位置づけられた。

畿内は国の心臓部にあたる地域のため、租税の軽減など優遇されていたが、国力には大きな差があった。大和国（奈良）や河内国（大阪府の南東部）は大国に列せられていたが、同じ畿内でも和泉国は下国に甘んじていた。

和泉国は757（天平宝字元）年に河内国から分置された国である。河内国は、大和国とともに日本で最も早くから開けた地で、他国と比べても人口や土地面積が突出していたため、バランスをとる措置として、河内国の一部を切り裂いて和泉国として独立させたのである。河内国にしてみれば、削り取られる分をなるべく少なくしたかったのだろう。河内国を真っ二つに分割していれば、河内国と和泉国はともに「上国」として足並みが揃っていたかもしれない。

4つの等級にランク付けされた内訳を見ると、当時の各国の発展状況を知ることができる。開発されるのが遅かった東日本でも、関東は当時から開けていたことがうかがえる。反面、早くから開けていた九州でも、南九州は畿内から遠いということもあってか、国として充分な体制が整っていなかった。ただ、これらの等級は不変だったわけではなく、国の発展状況などにより区分の入れ替えも行われていたとみられる。

《延喜式による旧国の等級》

大国（13国）	畿内	大和、河内
	東海道	常陸、下総、上総、武蔵、伊勢
	東山道	陸奥、上野、近江
	北陸道	越前
	山陽道	播磨
	西海道	肥後
上国（35国）	畿内	山城、摂津
	東海道	相模、甲斐、駿河、遠江、三河、尾張
	東山道	出羽、下野、信濃、美濃
	北陸道	越後、越中、加賀
	山陰道	丹波、但馬、因幡、伯耆、出雲
	山陽道	備前、備中、備後、美作、安芸、周防
	南海道	紀伊、阿波、讃岐、伊予
	西海道	豊前、豊後、筑前、筑後、肥前
中国（11国）	東海道	安房
	北陸道	佐渡、能登、若狭
	山陰道	丹後、石見
	山陽道	長門
	南海道	土佐
	西海道	日向、大隅、薩摩
下国（9国）	畿内	和泉
	東海道	伊豆、志摩、伊賀
	東山道	飛騨
	山陰道	隠岐
	南海道	淡路
	西海道	対馬、壱岐

8 九州は四国だった？

わが国では「州」と「国」は同義語として使われてきた。もちろん国とはいっても、イギリスとかフランスなどといった国家ではなく、陸奥国《むつのくに》や武蔵国《むさしのくに》、土佐国などの旧国のことである。信濃国《しなののくに》を「信州」、三河国は「三州」、長門国《ながとのくに》は「長州」、関東にある8国を「関八州《かんはっしゅう》」ともいった。では「伊州」はどこのことをいうのかというと、伊豆国のことでも、伊勢国のことでも、伊予国のことでもない。かといって紀伊国のことでもない。伊州は伊賀国のことをいった。ちなみに、伊豆国は「豆州」、伊勢国は「勢州《せいしゅう》」、伊予国は「予州」、紀伊国は「紀州」である。

それはともかくとして、九州の「九」を県の数のことだと思い、福岡、佐賀、長崎、熊本、大分、宮崎、鹿児島の7つの県しかないのにどうして「九州」というのだろうと疑問を抱いている人が少なからずいる。すぐ隣の四国のように、香川、徳島、愛媛、高知の4県からなる地域があるからなのだろう。だが、四国は讃岐《さぬき》、阿波《あわ》、伊予、土佐の4国で構成されていることから発生した地名であって、決して県の数に由来しているわけではない。四国は県境と国境《くにざかい》が、完全に一致している全国でも珍しい地域なのである。

九州には筑前《ちくぜん》、筑後、肥前《ひぜん》、肥後、豊前《ぶぜん》、豊後《ぶんご》、日向《ひゅうが》、大隅《おおすみ》、薩摩《さつま》の9つの旧国があったが、かつては四国と同じように4つの国しか存在していなかった時代がある。四国といわれていたわけではないが、古代律令制度が確立される前までは筑紫国《つくしのくに》、豊国《とよのくに》、肥国《ひのくに》、日向国の4国しかなかった（図4）。それが律令国家の成立に伴い、筑紫国は筑前と筑後、豊国は豊前と豊後、肥国は肥前と肥後に分割された。分割された時期はそれぞれ異なっていたが、おおよそ700年前後のことではなかったかといわれている。

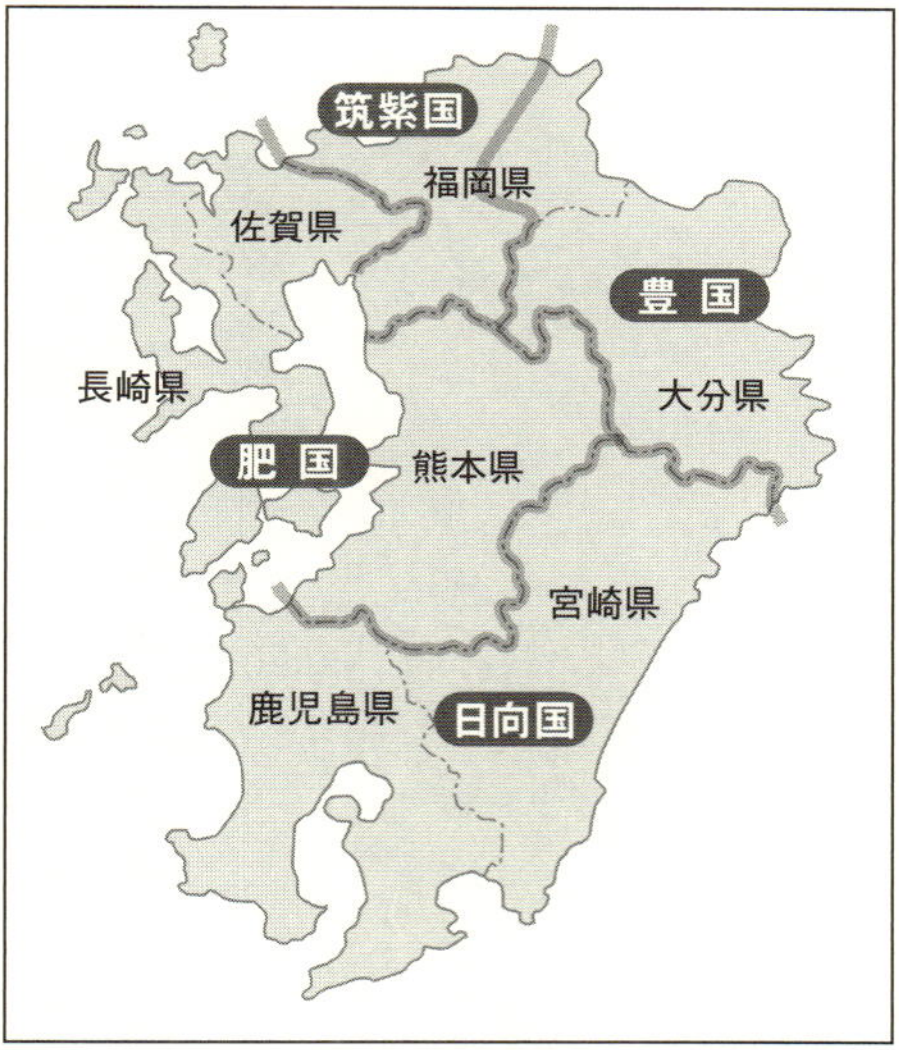

図4　九州は4つの国に分かれていた時代があった

　この時点ではまだ九州には7国しかなかったが、8世紀の初めに日向国から大隅国と薩摩国が独立して9国になったとみられている。だが、九州には11国が存在していたともいえる。対馬国と壱岐国という国に準ずる2国があったからだ。

8 日本一標高が高い地点と低い地点、その標高差は？

わが国には海面より低い陸地が随分あり、決して珍しがるほどのことではない。「海抜ゼロメートル地帯」と呼ばれている地域がそれで、東京湾や伊勢湾、大阪湾など、大都市圏の沿岸部には広大なゼロメートル地帯がある。例えば、東京湾に注いでいる江戸川と隅田川《すみだがわ》に挟まれている江東区《こうとう》は、区内のほとんどの地域がゼロメートル地帯で、湾岸から20㎞近く内陸にある足立区《あだち》や葛飾区《かつしか》にまでゼロメートル地帯が広がっている。

ゼロメートル地帯は、地下水の汲み上げが主な原因で生じた。地下水が大量に汲み上げられると地下水の水位が下がり、地層が収縮して地盤沈下をきたす。地盤沈下は建物の崩壊や、高潮の被害を大きくする原因にもなる。いったん沈下した地盤は、元には戻らないというから深刻である。だが、ゼロメートル地帯はせいぜい海面下数メートル程度だろう。東北地方には、ゼロメートル地帯などとは比べものにならないほど低い陸地がある。

青森県の八戸市と階上町《はしかみちょう》にまたがる「八戸キャニオン」と呼ばれているところがそれだ。正式名を「八戸石灰鉱山」といい、住金鉱業が経営している石灰石の露天掘りの採掘場である。採掘場の最も深い地点は、地表からおよそ１９０ｍ、海面下１６０ｍもあり、南北約２km、東西８００ｍ余りの巨大な穴がぽっかりと口を開けている。壁面が階段状になっているのは、そこが掘削された石灰石を運び出すためのダンプカーの通路になっているからだ。そのため巨大な穴はすり鉢状になっている。

　それにしても「八戸キャニオン」とはスケールの大きな呼び名だが、観光用に設けられた展望台からは、名に恥じぬだけの豪快で壮大な景観が楽しめる。「キャニオン」はもちろんアメリカのアリゾナ州にある「グランド・キャニオン」という大峡谷の名にちなんだ名称である。どうも青森県の人は、「キャニオン」という名称がお気に入りのようだ。日本海沿岸にも、いささかスケールは小さいが「日本キャニオン」という景勝地がある。

八戸キャニオン　Hachinohe-mines CC BY-SA 3.0

　日本の最高所は標高３７７６ｍの富士山頂。八戸キャニオンの最低地点との標高差は３９３６ｍもある。これが日本一の標高差といえそうだが、実は東北地方には八戸キャニオンよりもっと低い地点がある。もっとも、そこから水を取り除いたら、の話なのだが。

水深日本一を誇る田沢湖《たざわ》の最大水深は４２３・４ｍ。湖面標高の２４９ｍを差し引いても、湖底は海面下１７４・４ｍもあることになる。また、鹿児島県の薩摩半島にある池田湖《いけだ》も、最大水深２３３ｍに対して湖面標高は66ｍで、湖底は海面下１６７ｍと、八戸キャニオンの最低地点よりも標高が低いのである。

しかし、八戸キャニオンはこれからも石灰石の採掘を続けていくので、最低地点はやがて田沢湖の湖底よりも低くなり、富士山頂との標高差が４０００ｍを超える時がくるかもしれない。

10 標高が日本一高い市町村役場はどこか

わが国は島国であるとともに、山国でもある。国土の4分の3を山地が占め、残りの狭い平地に人口が集中している。高地にはまったく人が住んでいないというわけではないが、ほとんどの都市が標高100m以下の平地に開けている。市役所はその都市の中心地に設置されているのが普通である。したがって、市役所の標高がその都市の市街地の標高だとみてよいだろう。

川上村役場

全国にある790市（2014年4月末）のうち、80%以上の市役所が標高100m未満の地にある。標高100m以上には一つも市役所はないという県が、青森、宮城、茨城、千葉、富山、石川、愛知、和歌山、鳥取、島根、山口、香川、高知、福岡、佐賀、長崎の16県ある。なかでも、千葉県（37市）、愛知県（38市）、茨城県（32市）、福岡県（28市）は、市の数が全国でも特に多い県でありながら、すべての市役所が標高60m以下の平地に建っている。

逆に「日本の屋根」といわれる中部地方の長野県と山梨県は、市役所のすべてが標高200m以上の地にある。特に長野県は、飛騨《ひだ》山脈や木曽《きそ》山脈、赤石《あかいし》山脈などがそびえる山岳地帯だけに、19市のうち12市の市役所（松本、諏訪《すわ》、岡谷《おかや》、茅野《ちの》、大町《おおまち》、安曇野《あずみの》、東御《とうみ》、小諸《こもろ》、佐久《さく》、塩尻《しおじり》、伊《い》那《な》、駒ヶ根《こまがね》）が標高５００ｍ以上の地に建っている。長野県以外では、富士山麓にある富士吉田市（山梨）、飛騨地方にある高山市（岐阜）、阿蘇山《あそさん》の北麓に開けた阿蘇市（熊本）が、市役所の標高が５００ｍ以上の市である。

日本一標高の高い市役所は、やはり長野県にある。諏訪盆地の南東部、八ヶ岳の西麓に開けている茅野市の市役所が日本一の高所にあり、標高は８０１・６ｍ。さすがに１０００ｍ以上の地に市役所は存在しない。２位は岡谷市（７７９・２ｍ）、３位は富士吉田市（７７０ｍ）だ。

町役場で日本一の高所にあるのは、日本三名湯の一つとして有名な草津温泉がある群馬県の草津町で、町役場の標高は１１７１ｍ。茅野市役所よりおよそ３７０ｍも高い地点に建っている。村役場はさらに高いところにある。千曲《ちくま》川の源流に開けた川上村（長野県）の村役場が、標高１１８５ｍで日本一高い地点に建つ市町村役場である。日本一の高地を走る鉄道として知られているＪＲ小海《こうみ》線が村の西部を通り抜けており、玄関口にあたる信濃川上駅の標高は、日本で４番目の高所駅（１１３５ｍ）である。村の南東部には、東京湾に注ぐ荒川の水源の甲武信ヶ岳《こぶしがたけ》がそびえている。川上村はすべての村域が標高１０００ｍ以上という山深い村で、群馬、埼玉、山梨の３県と接する県境の村でもある。

11 大きくなってきた千葉県が、これからは小さくなっていく

房総半島を県域としている千葉県は、茨城、埼玉、東京との県境すべてが川で隔てられた極めて珍しい県である。しかも、県全体が平野となだらかな丘陵地からなり、５００ｍ以上の山が一つもない全国で唯一の県でもある。東京に隣接しているため人口の増加が著しいが、これまでは面積も年々広くなってきた。今から50年ほど前と比べてみると、１２０㎢以上も面積が広くなった。これは世田谷区二つ分以上の広さである。越県合併して県域が広くなったわけでは決してない。

面積が広くなった最大の理由は、臨海部の埋立てにある。東京湾にはもはや自然海岸が残されていないのではないかといわれるほど、海岸線の人工化が進んでいる。工業用地などを確保するため、臨海部の造成が盛んに続けられてきた。そもそも東京ディズニーランドも、埋立地の上に建設された巨大なレジャー施設である。

千葉県の面積が広くなった最大の原因は、近年は確かに東京湾岸の埋立てによるものだが、それ以前は地殻変動によって遠浅の海が陸化してきたからだといわれている。房総半島の周

囲は隆起海岸で形成されている。大地震が発生するたびに、地盤の隆起と沈下を繰り返しながら、次第に海岸線が前進していった。房総半島の最南端にある野島崎《のじまざき》も、かつては「野島」という小さな島だったが、元禄《げんろく》大地震（1703年）による隆起で陸続きになったものである。

日本屈指の砂浜で知られる九十九里《くじゅうくり》平野も、約1万年前の沖積世《ちゅうせきせい》は海底だった。九十九里浜の北端に突き出している刑部《ぎょうぶ》岬と、南端の太東崎《たいとうざき》の崖が荒波に削られて土砂が海底に堆積し、度重なる地震で土地が隆起して九十九里浜という美しい砂浜が形成されたのだ。縄文時代の九十九里の海岸線は、現在より10km以上も内陸の、外房線が走っているあたりだったという。

ところが、最近になって九十九里の砂浜に異変が起きている。砂浜が痩せつつあるというのだ。砂浜が侵食されて消失しつつあるのは、なにも九十九里浜に限ったことではなく、全国的な傾向である。その原因のほとんどが、河川の上流にダムが建設されたことによって土砂の流出量が減り、需要と供給のバランスが崩れてしまったためだが、九十九里浜の場合は事情が少し違うようだ。

近年になって、天然ガスなどの採掘で大量の地下水が汲み上げられ、それによって地盤沈下が起こっているからなのだという。地殻変動による土地の隆起よりはるかに速いスピードで地盤沈下が進んでいるというから深刻である。もしこのまま地盤沈下が続けば、九十九里の砂浜はますます痩せ細り、千葉県の面積が減少に転じるのではないかと危惧《きぐ》されている。九十九里浜の飛砂を防ぐためのクロマツの植林や防砂垣なども、砂浜を痩せ細らせる原因になっているといわれている。さらに、地球温暖化の影響で海面が上昇するようなことになると、現在の美しい砂浜をいつまで保っていられるのかが心配になってくる。

12 なぜ平野は緑で、山地は茶色なのか

起伏がある地形を1枚の紙の上に表現しようとすれば、それなりの工夫が必要である。それを手助けしているのは、なんといっても「等高線」だろう。等高線とは、標高の同じ地点を結んだ曲線のことで、この線により地形の起伏が表現されている。だが、等高線だけでは一目で地形を読み取ることは、地図読みに長けている人でなければ難しい。そのため、地図には彩色を施して誰にでも地形の起伏が分かるように描かれているものもある。

等高線を境目として、標高に応じて色分けをすることによって、どれだけの起伏があるかを誰にでも理解できるように表現している地図を「段彩図《だんさいず》」という。学校の社会科の授業で

初めて学ぶ日本地図のほとんどが、この段彩図と呼ばれる色彩豊かな地図である。

その地図を見ると、必ずといっていいほど山地は茶系、平野は緑系の色で描かれている。平野は緑、山地は茶色にしなければならないといった地図上の決まりでもあるのか、と思わせるほど日本の地図は統一されている。だが、決して決まりがあるわけではなく、山地が緑色で描かれている地図もないわけではない。地図の種類こそ違うが、鳥瞰図《ちょうかんず》はほとんどが山は緑色で描かれている。人間の視覚からみれば、山を緑色に描くほうがごく自然な表現方法といえるだろう。

段彩図では山は茶色、平野は緑、水面は青色といった彩色の地図が一般的だが、なぜ山地は茶系色で表現されているのだろうか。茶色い地肌を見せている山もあるにはあるが、それはごく少数派で、ほとんどの山は青々と茂る樹木に覆われている。だったら、山地は緑色が一番ふさわしい色ではないか、と考えてもおかしくない。

樹木をはがした状態でなければ谷や尾根を正確に読み取ることができないから、地肌の茶色で表現しているのだという人もいるが、だったら平野をなぜ緑にするのかの説明ができない。平野は田畑が広がっているものの、山地の樹木ほど緑は濃くないし、人家が建ち並んでいるところまで緑色なのはどう見てもおかしい。もっとも、都心部などの人口密集地は、赤色や桃色などで表現している地図が多くなっているが。

実は、山地に茶系色を使っているのは、暖色系の色は浮き上がって近くに見えるからだといわれている。逆に青や緑などの寒色系の色は沈んでいるように遠くに見える。その色彩の性質を利用して、地図の彩色に採り入れているのである。

標高の高い山地ほど濃い茶色を使い、黄土色、黄色と次第に薄い色になり、さらに黄緑、緑へと変化を持たせている。水面は水色から青色、濃紺へと移り変わる。このように色を使い分けることによって、地形が立体的に、しかも一目で読み取れるようにしている。分かりやすくいえば、標高の高い方から低いほうへと、こげ茶↓茶↓黄土↓黄↓黄緑↓緑↓水↓青↓紺というように、細かく色を使い分けて地形を1枚の紙に表現しているのである。

13 世界一長い桜並木が忽然と姿を消したのはなぜか

日本人にもっとも親しまれている花といえば、なんといっても日本の「国花」の桜だろう。桜の名所は全国各地にあり、春になるとどこも行楽客で大変な賑わいをみせる。なかでも日本一の桜並木として知られているのが、北海道静内町《しずないちょう》（現・新ひだか町）にある「二十間道路桜並木」だ。1916（大正5）年頃、周辺の山々からエゾヤマザクラなどが植樹された。

道路の幅がちょうど二十間（36ｍ）あったことから、二十間道路の名前がある。桜並木の長さは約８km、うち７kmは完全な直線道路で、この道路の両側に桜のトンネルをつくっている。「日本の道１００選」「さくらの名所１００選」、それに「北海道遺産」にも選定されている日本屈指の桜の名所である。

だが、かつては二十間道路桜並木よりはるかにスケールの大きい桜並木が、新潟県に存在していた。その長さはなんと約21km。片道歩くだけでも、たっぷりと5時間はかかるというケタ違いの長さであった。その桜並木は、飯豊《いいで》山地を発して日本海に注いでいる加治《かじ》川の両堤にあったもので、「加治川長堤十里の桜並木」と称されていた。もちろん日本一、いや世界一の桜並木だといわれていた。その桜並木が、突如として姿を消してしまった。火災で焼失したわけでも、地震で倒木したわけでもない。人間の手によって伐採されてしまったのである。

加治川の桜並木は、１９１４（大正３）年に大正天皇の即位と加治川分水工事の竣工を記念して、ソメイヨシノ約６０００本が加治川の両堤に植樹されたもので、これほどスケールの大きな桜並木は類を見ないものだっただけに、国内はもとより海外からも見物に訪れる人がいたという。ところが、１９６６（昭和41）年7月と翌年8月の2年連続の水害（67年の水害は羽越《うえつ》水害と呼ばれる）で、加治川の堤防が崩壊して、この地域に大きな被害をもたらした。その被害の元凶が、老木化していた桜並木の根にあったという意見が根強くあったことから、21kmにも及んだ桜並木は復旧されず、ほとんどの桜が伐採されてしまったのである。もともと、加治川の流域は洪水の被害にたびたび見舞われていたので、羽越水害を契機に加治川の拡幅工事が行われた。

だが、それまで春になると多くの花見客で賑わっていた加治川の堤に、桜の木がないのは余りにもさびしい。河川の改修工事が一段落すると、加治川の桜並木の復活を望む声が日増しに高まり、1989（平成元）年には国の「桜づつみモデル事業」に認定され、羽越水害で破壊された水門も復元された。世界一の「加治川長堤十里の桜並木」は再び蘇るのか。新《し》発《ば》田《た》市などの流域住民で構成される協議会により、「加治川の桜並木をもう一度」を合言葉に、桜並木の整備が進められている。

14 「超猛暑日」がやってくる？

地球温暖化の影響もあって、ここ数年、日本各地で最高気温記録が更新されている。2007（平成19）年8月には、岐阜県多治見《たじみ》市と埼玉県熊谷《くまがや》市で40・9℃を観測し、山形市が持っていた40・8℃の日本最高気温記録を74年ぶりに塗り替えたばかりだが、それもつかの間、2013年の8月には高知県の四万十《しまんと》市で、多治見市と熊谷市で観測した気温を上回る41・0℃を記録して世間を驚かせた。

1日の最高気温が25℃以上の日を「夏日」といい、30℃以上の日を「真夏日」といっている。だが、1日の最高気温が35℃以上の日を表わす気象用語はこれまで存在しなかった。35℃を超える日が、年間を通しても数えるほどしかなかったからである。しかし、全国各地で35℃を超える日が珍しくなくなってくると、それを的確に表現する気象用語がないことに不都合を感じるようになった。

そこで、2007(平成19)年4月、気象庁では天気予報や気象情報などに使う気象用語を10年ぶりに改正し、いくつもの新しい気象用語が加えられた。その一つに「猛暑日」がある。1日の最高気温が35℃以上の日を猛暑日と呼ぶようになったのである。それまでは、最高気温が35℃以上の日を「酷暑日」といっていた。だが、それは公式用語ではなかった。猛暑日が正式な気象用語である。これにともなって、「熱中症」や「地球温暖化」なども、気象用語として新たに付け加えられることになった。

東京、大阪、名古屋などの大都市圏では、30年ほど前に比べると猛暑日が約3倍に増えたといわれている。もちろんヒートアイランド現象も影響しているが、このペースで地球温暖化が進めば、最高気温が40℃を超える日も珍しいことではなくなり、それこそ近い将来には、「超猛暑日」などという、とんでもない気象用語を加えなければならなくなるかもしれない。

猛暑日が増えればエアコンやビール、清涼飲料水などがよく売れる。海水浴場やプールも賑わうことだろう。経済活動が活発になるからいいことではないかと真面目にいう人がいるが、とんでもない話だ。電力の消費量が増大して地球温暖化を加速させるばかりではなく、動植物の生態系が破壊され、農作物にも被害が及ぶ。熱帯性の疫病が蔓延《まんえん》することにもなる。やがて南極や北極の氷が溶け出して海岸線が後退し、国や都市が水没の危機にさらされるだろう。このように、マイナス要因が余りにも大き過ぎるのだ。

猛暑日とともに熱帯夜も増えており、逆に冬日や真冬日が減少している。夜間の最低気温が25℃以上の日を「熱帯夜」といっているが、最近は東京以南の太平洋岸の地域では、夏になると毎日が熱帯夜だといってもいいほどである。「超猛暑日」と同様、夜間の最低気温が30℃以上の「超熱帯夜」、という気象用語が必要になってくるかもしれない。

ちなみに、1日の最低気温が0℃未満の日を「冬日」、1日の最高気温が0℃未満の日を「真冬日」といっている。かつては東京や大阪でも、冬季は冬日になるのが当たり前だったが、最近は冬日も数えるほどしかない。それほど地球温暖化は急速に進んでいるのである。

15

小笠原諸島の海は赤潮でもないのになぜ赤い?

東京の南方およそ1200㎞の太平洋上に浮かぶ小笠原諸島は、父島列島、母島列島、聟《むこ》島《じま》列島、硫黄《いおう》列島の4列島からなる常夏の島で、父島と母島では元旦に海開きが行われる。サンサンと降り注ぐ太陽、熱帯魚が群れ遊ぶコバルトブルーの海、うっそうと茂る熱帯、亜熱帯の植物などが魅力の島だが、なぜか、小笠原諸島の北端に連なっている聟島、媒島《なこうど》、嫁島などの小島からなる聟島列島の海域がしばしば赤く染まるのだ。なかでも、媒島という海食崖に囲まれた1・6㎢ほどの小島の周辺は、血を洗ったような赤褐色の海と化す。赤潮かと思いきや、そうではないのである。この赤く染まった海はいったい何なのだろうか。最近は、以前ほど海が赤くなることは少なくなったというのだが、それにしても気になる色だ。

媒島はかつて、熱帯や亜熱帯の植物が茂る緑あふれる無人の島だった。その島へ明治の初めに入植が始まり、移住者たちは牛やヤギを放牧し、サツマイモなどの野菜を栽培して生計を立てた。しかし島の生活は思ったほど楽ではなく、将来に希望を失った島民たちは次々と島を去り、太平洋戦争の末期に小笠原諸島から島民が引き揚げたときには、すでに媒島は無人島と化していたという。しかし、ヤギなどの家畜は島に残されたままだった。

それらのヤギが、小笠原諸島がアメリカに占領されていた間に野生化して、猛烈な勢いで繁殖していった。ヤギも生きていくためにはエサを摂取しなければならない。そこでヤギは、

媒島　©国土画像情報（カラー空中写真）国土交通省

島内に生い茂る植物を根こそぎ食いつくし、媒島はハゲ山ならぬハゲ島と化した。そのため、雨が降る度に地表の赤土の土壌は侵食され、赤褐色の泥水となって海に吐き出された。島の周囲が赤茶色に染まったのはそのためで、決して赤潮などではなかったのである。特に媒島の南岸にある入り江は、流出した赤土で半分ほどが埋まってしまうというありさまで、サンゴなどの海洋生物は死滅。鳥類の生態系にも悪影響を及ぼした。
それに危機感を持った東京都は、媒島や聟島、嫁島などに生息している野生化したヤギの駆除に乗り出した。１９９７（平成９）年、最も被害の大きい媒島から野ヤギの駆除作戦が展開され、聟島や嫁島

へと拡大していった。２００３（平成15）年に野ヤギの駆除は完了。これで一応、聟島諸島から野ヤギは絶滅した。野ヤギの駆除に引き続いて、植生の回復事業が行われている。

しかし、野ヤギに荒らされた土壌は容易には回復せず、植物の苗を植えてもなかなか根づかない。そのため、土壌の侵食は今なお続いているという。媒島など聟島諸島が原始の姿を取り戻すのはいつになるのか見通しは立たず、完全に回復するには50年はかかるという学者もいる。

16 日本各地で見られる太陽光の芸術

太陽は人々に自然の恵みをふんだんに与えてくれるばかりではなく、「光のマジックショー」ともいえる珍しくも神秘的な、美しい光景をしばしば見せてくれる。ただし、気象条件が整ったときにしか見られない珍しい現象だけに価値があり、それを見たときの感動はきっと大きいに違いない。

・サンピラー現象

大気の気温がマイナス20℃以上にまで冷え込むと、大気中の水分は凍結して氷晶とよばれる氷の粒になる。それが大気中に浮遊し、あるいは落下する現象を「ダイヤモンドダスト」、または「細氷《さいひょう》」という。このダイヤモンドダストに太陽の光が屈折して、柱のように垂直に長く光って見えるのがサンピラー現象だ。「太陽柱」とも呼ばれる大気光学現象で、気温の低い北海道でよく見ることができる。とはいっても、蜃気楼《しんきろう》がそうであるように、気象条件が整っていなければ見ることのできない非常に珍しい現象である。日の出と日没の、大気がよく冷え込んだ風のない日に見られる確率が高い。

・ブロッケン現象

「ブロッケンの妖怪」あるいは「御光《ごこう》」とも呼ばれる大気光学現象で、山に登ったときなどに見る機会に恵まれる。山頂で太陽を背にして立つと、前方に立ち込めた霧や雲に自分の姿の影が拡大されて投影されるが、その影の周りに虹の色に似た光の輪ができる。これはあたかも仏が光環を背負っているようでもあることから、「仏の御光」ともいわれる。ドイツのブロッケン山でよく見られる現象であることからこの名がある。気象条件さえ整えば、日本のどの山でも見ることは可能なはずだが、めったに見ることはできない非常に珍しい気象現象である。

・ダイヤモンド富士

富士山頂から太陽が昇る瞬間と、富士山頂に沈む瞬間に、太陽が富士山に乗り、まるでダ

ダイヤモンド富士

イヤモンドが光り輝いているような光景を見せてくれる。これを「ダイヤモンド富士」と呼んでいる。これも大気光学現象の一種で、富士山頂から真っ直ぐ東西に線を引き、その線を基軸として南北に35度ずつの範囲からでなければダイヤモンド富士を見ることができない。したがって、山中湖はダイヤモンド富士の好展望地として知られているが、隣の河口湖からは見ることができない。ダイヤモンド富士を見るチャンスは年に2度しかなく、しかも気象条件が整っている必要がある。富士山頂の西側からは日の出のダイヤモンド富士を、東側からは日没時のダイヤモンド富士を見ることになる。

・幻日《げんじつ》現象

「幻日」とは、読んで字の如く「幻の太陽」のこと。実際には存在しない太陽が、あたかもそこにあるかのように錯覚して見える現象である。風のほとんどない日は、落下してきた氷晶（微細な氷の結晶）をたくさん含んだ雲で地表近くが覆われることがある。そこへ太陽の光が射し込むと、氷晶がプリズムの役目をして光線が反射し、別の離れたところにもう一つ太陽があるように見える。これを幻日現象といっている。太陽が低い位置にあるときで、気温が低い風のない日に見られる可能性が高い。太陽ではなく月の光で起こる「幻月」という現象もある。

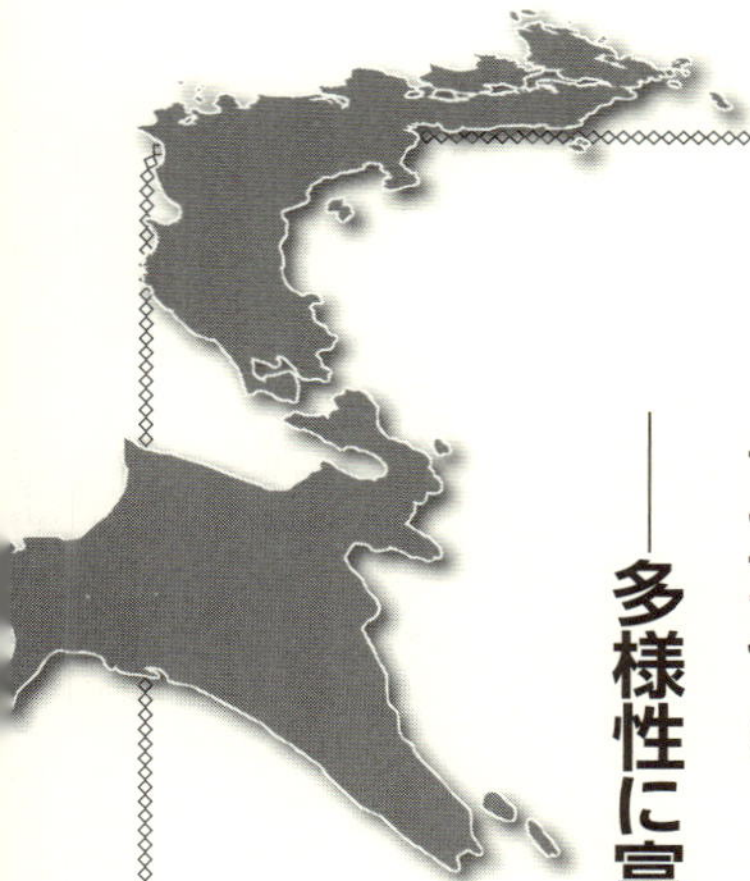

第2章

日本の海岸線は地球の4分の3周以上ある！

——多様性に富んだ日本の地形

1 世界一登山者数の多い山が東京にある

険しい地形の日本には、いたるところに山がそびえている。富士山や穂高岳《ほだかだけ》などのように3000mを超える高峰もあれば、それこそ100mにも満たない低山も無数にある。都会から少し郊外に足を延ばせば、容易に山に出会えるとあって、日本はハイキングや登山など山歩きが大変盛んな国である。世界で最も登山者数の多い山も日本にある。しかも、大都会東京の近郊にあるのだ。八王子市の南西部にある高尾山である。高尾山は関東山地の東端にそびえる標高599mのさほど高くない山だが、周辺一帯が明治の森高尾国定公園に指定されている。東京近郊では、最も人気がある観光スポットだといってもいいだろう。

高尾山にどれほどの人が登っているのかというと、その数は年間260万人にも達する。これを単純に365日で割ると、毎日7300人余りが高尾山に足を運んでいることになる。平地にある公園ならいざ知らず、600m近くもある山でこれだけ多くの人が訪れるのだから、その人気ぶりがうかがえよう。

登山者数がこれだけ多いのは、東京近郊にあるという地理的な要因が大きい。都心から約

1時間という至近距離にあり、日帰りでも充分に登ることができる。しかも、標高470mの地点までケーブルカーやリフトが通じているので、誰でも気軽に登れるし、全行程を歩いても2時間もあれば山頂にたどり着くことができる。いくつもの登山ルートが整備されているので、ハイキングコースとしても手頃だ。だが、これだけの理由でこれほど多くの人がこの山に登るとも思えない。高尾山自体に、多くの人を惹きつけるだけの魅力があるということである。

多くの登山客で賑わう高尾山頂広場　Arashiyama CC BY-SA 3.0

　高尾山は744（天平16）年に行基《ぎょうき》が開山したもので、古くから修験道の霊場として知られている。山腹に鎮座している薬王院有喜《うき》寺は、成田山新勝寺、川崎大師平間寺とともに関東三山の一つに数えられている。「日本百景」にも選定されている景勝の地であり、「関東の富士見百景」の一つであることからも分かるように、山頂からの眺望は息を呑むすばらしさだ。ミシュランガイドでは三つ星の観光地に選ばれている。

　また、高尾山は動植物の宝庫として学術上貴重な山でもある。この小さな山には、およそ１２００種にも及ぶ植物が自生しており、高尾山で初めて発見されたという品種も多い。野鳥は約１００種、動物は20種、昆虫は約５０００種が生息しているといわれている。このように、都会の近郊にある山とは思えぬほど自然が豊かな山であることも、登山者数の多い要因になっている。

高尾山は東海自然歩道の起点にもなっている。また、山麓の清滝と高尾山とを結んでいる高尾登山鉄道の高尾山ケーブルカーは、鉄道事業法に基づいて旅客営業しているものとしては日本一急勾配の区間を走るケーブルカーである。最大勾配は６０８パーミル。これは１km進む間に高度を６０８m上げるということで、スリルに満ちたケーブルカーとして人気がある。

② 大きな島が地図に描かれていない謎

地図は立体的な地形を平面上に表現したもので、正確であることが地図の生命だといえる。したがって、詳細な地図であれば当然のことながら、海上に浮かんでいる小さな島も描かれている。ところが、実在している島であるにもかかわらず、地図には描かれていない島があるのだ。小さすぎて地図上に表わせないというのなら話は別だが、その島は東京ディズニーランドの約20倍もの大きさがある。それなのに、どの地図にも記載されていないというのはどういうわけなのか。

戦時中には軍事機密を守るため、実在している島が故意に地図上から抹消されるというケースはあったが、この島に軍事基地などないし、秘密にしなければならない理由はどこにも見当たらない。それなのに、その島はなぜか地図に記載されていない。なぜなのか。早い話、この島が純粋な島とはいえないからなのである。

いうまでもないことだが、地図には満潮時の海岸線を描く決まりになっている。したがって、満潮になっても水面上に現われない島は、たとえ大きくても実際の島とはみなされない。地図に描かれていないのは、満潮時には海面下に没しているからなのだ。ならば干潮時には海面上に姿を現わすのか、というとそうでもない。潮の干満は1日2回あるのが普通だから、毎日2度海面上に姿を現わしてもよさそうなものだが、この島は干潮になっても姿を見せない。海面上に現われるのは1年に1度だけという不思議な島なのである。

その島とは、沖縄の宮古《みやこ》島の北端にある池間《いけま》島から北へ5～20㎞の海上に浮かぶ八重干瀬《やえびし》のことだ。八重干瀬は日本で最大級のサンゴ礁群で、周辺の海域は好漁場であるとともに、絶好のダイビングスポットとして知られている。その八重干瀬は、普通の干潮ではなかなか

一年に一度姿を現す八重干瀬

姿を現わさない。干満の差の大きい、潮位が最も低くなる旧暦３月３日の前後数日間だけ、海面上に姿を見せてくれる。

その大きさが半端ではないのだ。大小１００以上のサンゴ礁が東西約４km、南北７kmの海域に姿を現わす。あくまでも島の面積が最大になるのが旧暦３月３日頃だということであって、それ以外の大潮のときでも、ところどころに小さなサンゴ礁が海面上に露出する。

八重干瀬では、旧暦３月３日にサニツ（浜下り）と呼ばれるこの地方独特の伝統行事が古くから行われてきた。宮古島の女性たちは、１年に１度しか見ることができない八重干瀬の浜に下りて身を清め、潮干狩りを楽しむというのが、古くから伝わるサニツという風習なのである。

現在は「八重干瀬まつり」が催されている。全国から訪れる多くの観光客を上陸させるため、八重干瀬に船が接岸され、大勢の人がサンゴ礁を踏みつけることになる。サンゴ礁は傷めつけられ、貴重なサンゴ礁群が破壊されている。そのサンゴ礁の保護をこれからどうするかが課題になっている。

③ 火山噴火で生まれ、地震で消滅した島がある

数が多いことを称して「八百八」とか、「九十九」という文字を使って表現することがある。多くの町が密集していた江戸は「八百八町《はっぴゃくやちょう》」といわれていた。「水の都」の大阪は、数多くの橋が架かっていることから「八百八橋」といわれ、多島美で有名な日本三景の松島を「八百八島」といったりした。

千葉県の南部にある鹿野山《かのうざん》南方の山地に発達している無数の谷を、九十九谷《くじゅうくたに》という。群馬県の安中《あんなか》市を流れている九十九《つくも》川、能登半島の東岸にある九十九《つくも》湾、茨城県南部の北浦に注いでいる巴《ともえ》川の別称は九十九曲《くじゅうくまがり》川、高知と愛媛の県境にある九十九曲《くじゅうくまがり》峠、房総半島東岸の九十九里浜、そして九十九島もある。九十九島というと、長崎県北部の松浦半島西岸にある九十九《くじゅうく》島がよく知られている。西海国立公園の中心部をなし、大小２００ほどの小島が点在する景勝地で、島の分布密度は日本一だ。

また、同じ長崎県の島原半島にも九十九島《つくも》という景勝地がある。1792（寛政4）年、雲仙普賢岳《うんぜんふげんだけ》の東側の眉山《まゆやま》の火山爆発で、眉山の東半分が吹き飛ばされた。噴出した岩石は山麓の島原に襲いかかり、さらに島原湾になだれ込んだ。その岩石群によって、九十九島という景勝地がつくり出されたのである。

日本はたえず地震や火山噴火、台風などの自然の脅威にさらされており、それらの自然災害は、地形そのものを大きく変えてしまうことがある。火山爆発の噴出物で川が堰《せ》き止められて湖が誕生したり、地震で土地が隆起し海岸線が前進したりもする。

火山噴火で生まれた島が、地震で消滅してしまったという例もある。

東北地方にも、かつて「九十九島」と呼ばれる景勝地があった。秋田県南西端の日本海岸にある象潟《さきかた》である。今から数千年前、鳥海山《ちょうかいざん》の噴火で流失した噴出物が日本海に流れ込み、それが海水に浸食されて「八十八潟・九十九島」といわれる象潟の景勝地が形成された。その多島美は「裏日本の松島」と称され、そのすばらしさは、芭蕉が「奥の細道」で象潟まで足を伸ばしていることからも想像できる。

その象潟が、1804（文化元）年の象潟地震で2m以上も隆起したため、水深が1mほどしかなかった入江が陸化し、入江に点在していた多数の小島が陸地に取り残されてしまった。九十九島が消滅しまったのである。

この地を支配していた本荘藩《ほんじょう》は、入江が陸化したことを幸いに、さっそく新田開発に着手。この際、陸地に取り残された小丘も取り潰して農地を広げる計画だったが、蚶満寺《かんまん》の住職が中心となって反対運動を起こしたため、小丘は開発から免れた。それが今も、松の木を乗せた小丘として田園の中に点在している。１９３４（昭和９）年には国の天然記念物に指定された。港に停泊する船をつないでいた石が、海岸から２００ｍも陸地に入ったところに残っていること、地中深く掘ると貝殻が出土するということから、ここがかつて海底であったことを物語っている。

自然災害は思わぬ景勝地を出現させ、一方では景勝地を消滅させる。これからも、日本の地形から目を離せない。

４ 合体して一つになった島、分裂して二つになった島

一つの島が二つになったという珍しい島がある。瀬戸内海の芸予《げいよ》諸島の東端に、弓削《ゆげ》島というひょうたんの形をした面積８・８㎢の島が浮かんでいる。中世には京都の東寺の荘園が経営されて良質の塩を産し、「塩の荘園」と称された歴史の古い島である。その弓削島が、

弓削島の砂州

太古の時代には二つの島だったという。二つの島が潮流によって形成された砂洲で結ばれて一つの島になったのである。ひょうたんの形をしているのはそのためだ。島の中央部のくびれている部分がいわゆる陸繋砂洲《トンボロ》で、その砂洲上に島の中心市街が発達している（図5）。
　島が砂洲で陸地とつながった陸繋島《りくけいとう》は、函館山や男鹿半島、江ノ島、潮岬《しおのみさき》など各地にあり、決して珍しいものではないが、弓削島のように海に浮かぶ島が、もう一つの島と砂洲でつながって一つの島になったというケースはきわめて珍しい。弓削島（弓削町）は2004（平成16）年10月、生名《いきな》村、岩城《いわぎ》村、魚島村の3村と合併して上島町《かみじまちょう》になった。その中心が弓削島である。弓削瀬戸を挟んで広島県の因島《いんのしま》と向かい合っており、因島との経済的な結びつきが強いので広島県の一部だと錯覚されやすいが、上島町は愛媛県の管轄である。
　二つの島が一つになったという例は、鹿児島県の西に連なっている甑島《こしきじま》列島でも見られる。甑島列島の一番北にある上甑島の里村（現・薩摩川内市）の中心集落は、陸繋砂洲に開けている。弓削島と同じように、潮流で形成された砂州で島と島がつながったのである。

このように、二つの島が合体して一つになった島があるかと思えば、一つの島がこれまた自然の力で二つの島に分割されてしまったという例もある。

伊豆諸島の一つに式根島《しきねじま》という面積3・9㎢の小さな島がある。伊豆大島から数えて4番目に位置する。海岸からは温泉が湧き、磯釣りの好ポイントも多い観光の島だ。その式根島は、かつてはすぐ隣にある新島《にいじま》と地続きだったのである。1703（元禄16）年、関東地方を襲った元禄大地震で発生した大津波によって、新島が二つの島に切り裂かれてしまったのだという。切り離された小さいほうの島が式根島というわけだ。

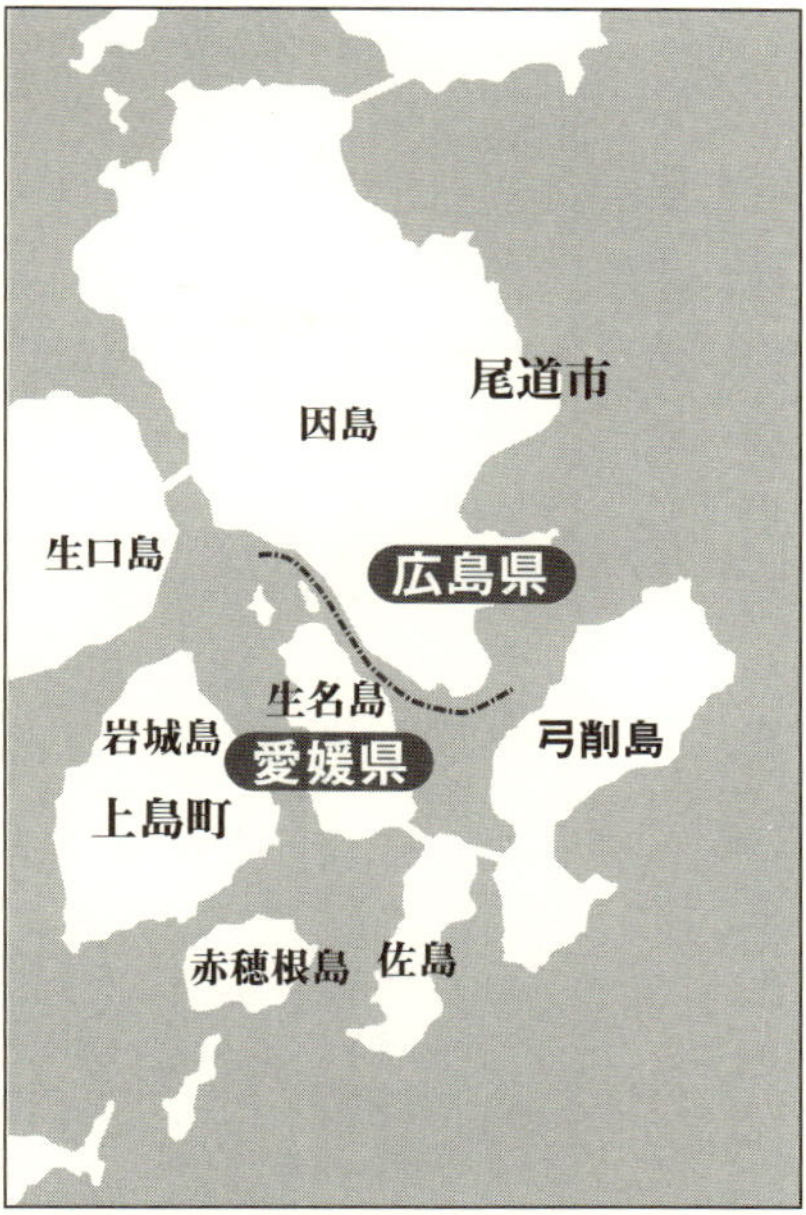

図5　弓削島は砂州でひとつになった島

また、一つの島が人工的に二つの島にされたという例もある。九州本土と朝鮮半島とのほぼ中央に浮かぶ対馬がそれだ（図6参照）。対馬は長さが70数キロもある南北に細長い島だ。中央部にある浅茅湾《あそう》で大きくえぐり取られているため、二つの島のようにも見えるが、辛うじて一つにつながっていた。だが、1671（寛文12）年に大船《おおふな》越瀬戸《ごえ》が開削されて二つの島に分断された。1900（明治33）年には、水深が浅いため機能しなくなった大船越瀬戸に代わり、対馬の西岸から東岸に抜けるルートとして、日本海軍によって万関《まんぜき》瀬戸が建設された。そのため、厳密にいえば対馬は3島に分割されたことになるが、一般的には万関瀬戸より北を上島、南を下島と呼んでいる。

5 離島なのに、岩手県より長い海岸線を持つ島とは

日本の地形が変化に富んでいることは今さらいうまでもないが、海岸線の複雑さにも目を見張るものがある。半島や岬、入江がいたるところにあるのが日本の海岸線の特徴である。しかも、属島（大陸や本島に属する島）が多く、リアス式海岸にも恵まれているため、国土の面積に比べて海岸線の距離が異常に長い。

地球儀で見ると日本は豆粒ほどの大きさしかないが、海岸線の総延長距離は3万3889㎞と、地球を4分の3周以上してしまう長さである。北海道最北端の稚内《わっかない》から最南端の鹿児

島まで、直線で１８００km余りしかないことを考えると、いかに日本の海岸線が変化に富んでいるかが分かるだろう。日本の海岸線の長さは世界で第６位。周囲を海に囲まれ、日本の20倍以上の面積を有しているオーストラリアより長いのである。

都道府県別にみると、多くの島を有し、リアス式海岸のある県が海岸線の距離も長い。北海道を別にすれば、面積は岩手県が日本一広い。海岸線の距離は必ずしも県の面積に比例していないが、地図で岩手県をよく見てみると面積が広いばかりではなく、太平洋に面している東側の海岸線が、日本を代表するリアス式の陸中海岸である。したがって、海岸線は相当の長さであろうことが想像できる。日本海に面している秋田県の海岸線の距離が３０４kmであるに対し、岩手県の海岸線は６６１kmだから、確かに海岸線は複雑だといえる。

図6　岩手県より長い海岸線を持つ対馬

ところが、離島でありながら岩手県をはるかに上回る海岸線を持っている島があるのだ。九州の対馬である（図６）。対馬は日本本土より大陸のほうが近いという国境の島で、大陸文化の中継地として重要な役割を担ってきた。西海道11ヵ国の一つである対馬国を構成し、「魏志倭人伝《ぎしわじんでん》」にも登場する歴史の古い島だ。

海岸線の距離が長いということは、それだけ海岸線が変化に富んでいるということでもある。それを物語るように、いたるところに景勝地がある。対馬の面積は696㎢（属島を含めると708・6㎢）で、北方領土を除けば沖縄島、佐渡島、奄美大島に次いで4番目に大きな島だが、岩手県の面積の20分の1にも満たない。それなのに、対馬の海岸線の総延長は915㎞（属島を含む）。リアス式の陸中海岸に面している岩手県の海岸線よりはるかに長いというのだから驚かざるをえない。詳細な地図を広げてみるとなるほどと納得するだろう。対馬を取り囲んでいる海岸線は、ノコギリの歯のようにギザギザの連続だ。特に対馬の上島と下島との中間にある浅茅湾や、三浦湾などは典型的な溺れ谷（陸上の谷が陸地の沈降や海水面の上昇でできた湾）で、よくもこれだけ複雑なリアス式の海岸線が形成されたものだと感心してしまう。

ちなみに海岸線が日本一長い都道府県は、対馬をはじめ多くの離島を有している長崎県で、その距離はなんと4137㎞、岩手県の約6・3倍の長さである。広大な北海道（2978㎞・北方領土を除く）にも大差をつけているから驚く。

対馬より長い海岸線を有している県は、長崎県を除けば鹿児島（2722㎞）、沖縄（1

652㎞)、愛媛(1533㎞)、山口(1398㎞)、広島(1113㎞)、三重(1105㎞)、熊本(1068㎞)の7県しかない。対馬の海岸線がいかに複雑であるかが想像できよう。

6 日本初の高層アパートが、小さな離島に建ち並ぶ

日本で初めて、鉄筋コンクリート造りの高層アパートが建設されたのは1916(大正5)年。その高層アパートが、東京や大阪などの都会で誕生したというのならいざ知らず、小さな離島に建設されたというのだから意外だ。

長崎市の中心部から南西へ約18㎞の海上にある面積がわずか0・063㎢(東京ディズニーランドの約13分の1)という小さな離島で、かつて海底炭鉱で栄えた端島《はしま》がその島だ。島の周囲約1200mは、コンクリートで固められた護岸堤防で覆われ、そこに高層アパートが林立している。端島を遠望すると、あたかも海に浮かぶ軍艦に見えることから「軍艦島」の異名がある(図7)。しかし、高層アパートは朽ち果て、今にも崩れ落ちそうな廃墟の島である。

図7　高層アパートが林立する軍艦島（端島）と池島

端島では明治の初めに炭鉱が開坑され、やがて活況を呈した。最盛期には人口も５３００人を超え、人口密度は８・４万人／㎢以上にも上った。現在の東京23区の6倍以上という超過密ぶりである。荒波が打ち寄せる小島に、高層アパートが林立している光景はじつに異様である。このような小さな島に高層アパートが建設されたのは不思議だが、狭い島内に、より多くの人を居住させるためには、住宅を高層化せざるを得なかったのだ。

だが、１９７４（昭和49）年1月に閉山し、無人島と化した。端島は日本が近代化を進めていく上で大きな役割を果たしてきた貴重な文化遺産だとして、２００８（平成20）年4月には、「九州・山口の近代化産業遺産群」の一つとして、世界遺産暫定リストへの追加記載が決まった。また長い間、危険防止のため島内へ立ち入ることは禁止されていたが、２００９年4月からは一般に公開され、端島への上陸が可能になった。

九州における海底炭鉱の島としては、端島の北東約３・５㎞の海上に浮かぶ高島《たかしま》、そこからさらに北東へ約４・５㎞の伊王島《いおうじま》などがあるが、忘れてならないのが伊王島から北西へ約

軍艦島（端島）全景　Hisagi CC BY-SA 3.0

８㎞、西彼杵《にしそのぎ》半島の西方５㎞余りの角力灘《すもうなだ》に浮かんでいる池島《いけしま》だ。面積は０・92㎢と端島に比べれば大きいものの、１㎢にも満たない小さな島であることには変わりがない。池島炭鉱の特徴はなんといっても、開坑が１９５９（昭和34）年と国内では最も新しい炭鉱であったということ。エネルギー革命で炭鉱の閉山がささやかれ始めていた頃に開坑して急成長をとげ、それから40年余りのあいだ良質の石炭を産出してきた。３５０人ほどの島民が住む半農半漁のさびしい島が、最盛期には人口が７５００人に達する島に変貌したのである。

　しかし、２０００（平成12）年に発生した坑内火災が引き金となって業績が悪化、翌年には閉山に追い込まれた。それでも、九州で最後まで生き残った炭鉱として知られている。閉山後は人口も激減したが、もともと多くの人が住んでいた島だったので端島のように無人島になることはなかった。港の近くに、要塞を思わせる高層アパート群が廃墟と化しているものの、２００９年４月末現在、３４４人が島に残って生活している。そして炭鉱跡は、石炭産業の体験学習施設として活用され、多くの観光客を受け入れている。

7 隠れキリシタンの無人島が世界遺産に

キリスト教は16世紀の中頃、フランシスコ・ザビエルによって日本に伝えられ、九州を中心に全国に広まっていった。そのなかでも長崎県は、キリスト教の布教活動が特に盛んな地域であった。織田信長はキリスト教を通じて海外の情報を入手するとともに、貿易で莫大な利益を上げることを目的に、キリスト教を保護したといわれている。だが豊臣秀吉の時代になると、一転してキリスト教は厳しく取り締まられた。秀吉が、キリスト教の信者が驚異的に増えたことにより、やがてキリスト教に日本が支配されるのではないかと危惧したからである。

徳川氏に政権が移っても、キリシタンへの弾圧は続いた。島原の乱後は一段とキリシタンへの弾圧は厳しさを増し、多くの信者が改宗を迫られたり、処刑されたりもした。そのため信者は、表向きは仏教徒であるがごとく装ったり、迫害から逃れて各地に潜伏したりした。1873（明治6）年にキリシタン禁止令が解かれるまで、多くの殉教者を出している。

五島列島は隠れキリシタンが特に多かった地域で、島内には隠れキリシタンにまつわる史跡も数多く残されている。五島列島の北端に、野崎島《のざきじま》という面積7㎢余りの南北に細長い島がある。1800年前後、隠れキリシタンが安住の地を求めてこの島に移り住み、野首《のくび》、野崎、船森という3つの集落を形成した。平地は少なく、全島が急斜面からなる野崎島の開墾は決して楽ではなく、自給自足の苦しい生活を強いられた。

旧野首天主堂　©Thomas

　キリシタン禁止令から解放された信者たちは、野首集落に木造ながら小さな天主堂を建設した。だが、やがてもっと立派な教会を建てようと野首の信徒17世帯が結束。貧困の生活の中から捻出した資金をもとに、これまで各地に天主堂をつくってきた建築家・鉄川与《てつかわよ》助《すけ》に依頼して、1908（明治41）年、赤レンガ造りの立派な天主堂を完成させた。それから1世紀、野首天主堂はキリシタン弾圧の歴史を物語る貴重な遺産だとして、大浦天主堂や日本二十六聖人殉教地などとともに、2007（平成19）年1月、世界遺産暫定リストへの追加掲載が決まったのである。

野崎島に移り住んだキリシタンたちは、キリスト教の信仰を心の支えとして、貧しい生活にも耐え抜いてきたが、文明の波には打ち勝つことはできなかったようだ。文化的な生活を求めて次第に島を離れていく信者が増え、1971（昭和46）年、最後まで島を守り続けてきた6世帯31人が集団離村したことによって、野崎島は無人島と化した。現在は島の中央に、学校の校舎を利用した野崎島自然学塾村という宿泊施設があり、海水浴場やキャンプ場、自然探勝路なども整備されて、多くの人が訪れる観光の島に変貌している。

島内はシイやヤブツバキなどに覆われ、600頭余りのニホンジカが生息する自然豊かな島である。島の歴史は古く、縄文・弥生時代の土器や石器などが出土しているほか、島の北部には遣唐使の航海の安全を祈って、8世紀のはじめに創建されたという沖《おき》の神島《こうじま》神社が鎮座している。

8 日本にある離島を一つにすると、どれだけの大きさになる？

わが国では北海道、本州、四国、九州の4大島を本土と呼び、それより小さい陸地を島として扱っている。海上保安庁海洋情報部の調べによると、日本には6848の島がある（4大島を除く）。ここでいう島とは、周囲100m以上の陸地をいい、人工島および湖上に浮かぶ島は含まれていない。

周囲100mということは直径が30m余りあればよいわけだから、ちょっと大き目の岩礁も島としてカウントされる。6848島という数の多さには驚かされるが、そのほとんどは無人島なのだ。人の住んでいる島は430島余りで、全体のわずか0・6%を占めるに過ぎない。だが、「チリも積もれば山となる」ということわざがあるように、一つひとつの島は小さくても、全部を合わせれば巨大な陸地になる。島の総面積は1万6942㎢にもなり、日本の総面積（37万7923㎢）の約4・5%を占める。これは北海道を除けば日本一の岩手県（1万5279㎢）よりも大きく、四国の面積（1万8299㎢）に匹敵するほどの大きさなのである。ただし海洋情報部の島の総数には、福岡県の面積よりも広い北方領土（5

036km²）も含まれているので、それを除くと1万1906km²。それでも、秋田県（1万1612km²）よりも大きいことになる。

日本にはこれだけ多くの島があるのに、47都道府県のなかには一つも島のない自治体がある。海に面していない8県（栃木、群馬、埼玉、山梨、長野、岐阜、滋賀、奈良）はもちろんだが、大阪府は223kmの海岸線を有していながら、島が一つもないのだ。大阪湾岸にはポートアイランドや関西国際空港など人工島はたくさんあるものの、自然島は一つもないのである。東京湾岸も同じように人工島だらけで、自然島は横須賀市沖に浮かぶ猿島ただ一つだけ。反対に、島の多さでは長崎県が日本一（971島）、次いで鹿児島県（605島）、3位の北海道にも508の島（北方領土の178島を含む）がある。

日本最北端の島は宗谷岬沖に浮かんでいる弁天島《べんてんじま》（北緯45度31分25秒）。最南端の島は沖ノ鳥島だが、島の定義を「周囲100m以上の陸地」とすれば沖ノ鳥島は島とはいえなくなり、沖縄の波照間島《はてるまじま》（北緯24度2分25秒）が日本最南端の島ということになる。最東端の島は南鳥島（東経153度59分11秒）、最西端は沖縄の与那国島（東経122度56分01秒）である。人の住んでいる島では、最南端の波照間島と最西端の与那国島は同じだが、最北端にあるのは北海道の礼文島《れぶんとう》（北緯45度30分14秒）、最東端は小笠原諸島の父島（東経142度11分40秒）である。

湖上に浮かぶ島は、海上保安庁海洋情報部の資料では島の数には含まないが、人が住んでいる湖上の島もある。唯一、人が住んでいるのは琵琶湖にある沖島だ。最も大きい島は北海道の屈斜路湖《くっしゃろこ》に浮かぶ中島（5・7㎞）という無人島である。

9 東海地方にも「七島」がある？

「七島」というと、誰でも太平洋上に点在している伊豆七島を思い浮かべるだろうが、東海地方にも七島がある。海洋ではなく、東京湾、大阪湾とともに、日本三大港湾の一つに数えられている伊勢湾に浮かんでいるのだが、「えっ！　伊勢湾に七島などあったっけ？」と、たぶん多くの人が首を傾げるだろう。厳密にいえば伊勢湾内ではなく、伊勢湾の支湾の三河湾から伊勢湾口にかけて点在している有人島の七島をいう。愛知県側の佐久島《さくしま》、日間賀島《ひまかじま》、篠島《しのじま》の3島と、三重県側の神島、答志島《とうしじま》、菅島《すがしま》、坂手島の4島で（図8）、さしずめ「伊勢七島」といったところだ。伊勢湾にある島で人の住んでいるのは、この7島だけである。

ただ、伊豆七島に比べると、どの島も随分小さい。7島中5島までが1㎢以下で、最も大きい答志島でも面積は7㎢と、伊豆大島の13分の1に過ぎない。

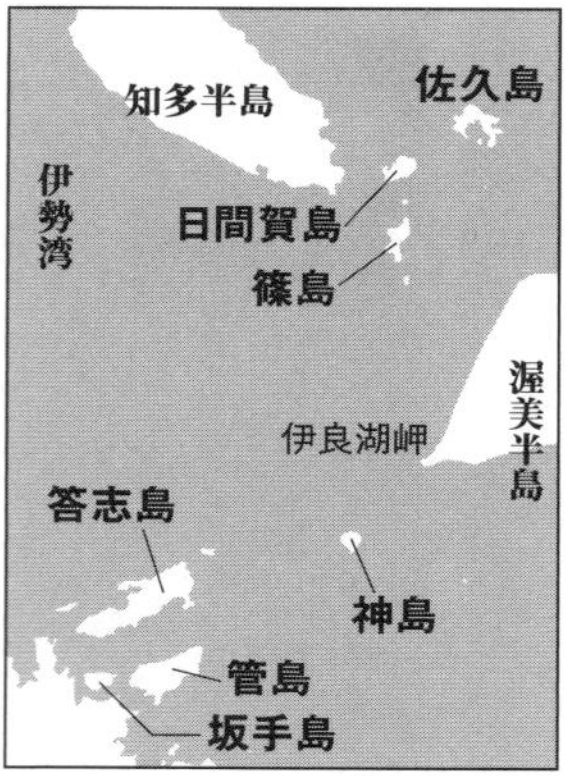

図8　東海地方にもある「七島」

離島はどこも過疎化、高齢化という共通の悩みを抱えているが、伊勢七島も例外ではない。過疎化の進んでいる伊勢七島に、活気を取り戻す何かいい方法はないのか。その振興策としてＮＰＯ法人伊勢湾フォーラムが打ち出したのが、「七福理想島」構想であった。７島を縁起のいい七福神に結び付け、理想島を「リゾート」と読ませるなど、工夫を凝らした絶妙のネーミングである。

７島それぞれに歴史があり、個性もある。最も北にある佐久島は、縄文・弥生時代の土器が出土し古墳もある歴史の古い島で、古来海上交通の要地として栄えた。しかし、過疎化は深刻で１９００年代の中頃と比べると、島の人口も約５分の１にまで激減している。そこで佐久島では、「芸術の島」を売りものにして町興しを行っている。日間賀島はフグとタコの名産地で、唐人お吉の出生地ともいわれている。篠島は伊勢神宮の神領で、坂上田村麻呂や源頼朝らにまつわる史跡、それに新四国八十八ヵ所の札所など史跡が多い島である。

神島は、三島由紀夫の小説『潮騒』の舞台になった島として知られている。答志島は九鬼《くき》水軍《すいぐん》の根拠地だったところで、島内からは温泉も湧く。菅島も坂手島も漁業が盛んな素朴さが残る島だ。7島それぞれに見どころがあり、豊富な海の幸がふんだんに味わえる。

この7島が、一致協力して観光の島として売り出していこうのが「七島理想島構想」の狙いである。伊豆七島のように広範囲に点在している島と違い、伊勢七島は一番端の佐久島から坂手島まで、直線で30数キロの距離だから、1泊すれば全島を周遊することが可能という手軽さが魅力だともいえる。7島を結ぶ観光ツアーも実施され好評を博した。

東京湾にも大阪湾にも人工島はあるものの、自然島は皆無に近い。それに比べ伊勢湾には、多くの島が点在し、美しい海岸線にも恵まれている。愛知県側の島々は三河湾国定公園に、三重県側の島々は伊勢志摩国立公園に指定されている。この観光資源を有効に活用しない手はないだろう。

⑩ 島が湖上を移動する「浮島」の正体とは

海上保安庁海洋情報部では、海上に浮かんでいるものしか島としてカウントしていない。だが、湖上に浮かんでいる島も周りを水域で囲まれているのだから、正真正銘の島だといっても差し支えないだろう。琵琶湖の沖島のように人の住んでいる島もあれば、屈斜路湖の大島のように周囲が12km以上もある大きな島まである。このほか、湖上に浮かんでいる島は少なくない。だが、それらの島は湖底とつながっていて、島が移動するということは常識では考えられない。

ところが、日々動いているという不思議な島が浮かぶ沼がある。面積は0・03㎢あまりという小さな沼だが、そこには大沼という名前がつけられて、60ほどの小島が点在している。それらの島は湖底とつながっているわけではなく、水面上を浮遊しているのだ。大沼は山形県のほぼ中央、山形盆地の西側の朝日町にある。うっそうとした老木に囲まれた神秘さが漂う美しい沼で、これまで多くの文人墨客が訪れている。1924（大正14）年には「大沼の浮島」として国の名勝に指定された。

その島の正体はいったい何なのか。断言はできないが、根を張ったアシが塊《かたまり》を形成し、その上に植物が自生したものではないかといわれている。浮島は大きなものでも直径が3・5mほど、小さなものは30cmほどしかない。

これらの島が、水面の温度変化によって移動するのだが、動く方向は一定していない。見ていて分かるほどのスピードで移動するわけはなく、「確かこの前に来たときにはもう少し右のほうにあったような気がするが…」と首を傾げる程度の動き方である。島はさまざまな方向に動き、島の形も微妙に変化することから、古来信仰の対象となってきた。湖面をさまよう浮島の動きによって、吉凶を占っていたというのである。

大沼畔には浮島稲荷神社が鎮座しているが、これは680（白鳳9）年に山岳修験者の役《えんの》行者《ぎょうじゃ》が大沼を発見して、その弟子が祠《ほこら》を建てたのがはじまりだという。出羽《でわ》三山の行者の霊場にもなっていた。源頼朝が社殿を再建してからは、大江氏、最上氏の庇護を受け、江戸幕府からも崇拝されてきた由緒正しい神社である。現在は海上安全にご利益があることから、特に漁業関係の人から信仰を集めている。

浮島はなにもここに限ったものではなく、ほかの地域でも見ることができる。だが、これほど多くの島は、大沼の浮島をおいてほかにはない。

和歌山県新宮《しんぐう》市には、日本最大の浮島があり、「新宮藺沢《いのさわ》浮島植物群落」として国の天然記念物に指定されている。浮島の大きさは東西が85m、南北60m、面積が4960㎡もあるという大きなもので、浮島全体にスギやヤマモモ、ハゼノキ、シダ類、水生植物などが茂っている。たとえ大きくても、あくまでも浮島なので飛び跳ねたりすると島が揺れ動くという。

この浮島が、市街地の中にあるというのも珍しい。

福島県会津美里町《あいづみさとまち》には、「蓋沼《ふたぬま》の浮島」があり、県の天然記念物に指定されている。沼に蓋をするような形で浮島が水面を覆っていることからこの名がある。このほかにも、岩手県八幡平市《はちまんたい》にある「安比《あっぴ》高原の浮島」、岩手県西和賀町《にしわがまち》の「湯川沼の浮島」などがあるが、それらの浮島は植物の遺骸が堆積して泥炭化し、それが水面に浮いているものだという。

11 国境線が引かれて人口が激減した島がある

目には見えない国境線が海上に引かれたことで、人口が激減してしまったという島がある。ユーラシア大陸の東側の太平洋上に、北東から南西に向かって弧状に連なっている日本列島、その南西端に浮かぶ八重山諸島の与那国島がそれである（図9）。与那国島は面積28・9㎢、周囲27・5㎞の東西に細長い小さな島で、漁業や農業、酪農などを主産業としている。与那国島の最西端にある西崎《いりざき》は、日本最西端の地でもある。台湾までは約110㎞と近く、よく晴れた日には西崎から台湾の山々を望むこともできる日本の最果てにある国境の島だ。ちなみに、与那国島の東端は東崎《あがりざき》という。

1895（明治28）年、日本は日清戦争に勝利して台湾を手に入れた。それから、第2次世界大戦に敗れるまでの約50年間、台湾は日本の領土だった。その間、与那国島と台湾との間では密貿易など経済活動が活発に行われ、今の島の様子からは想像もつかないほど活気にあふれていたという。最盛期には与那国島の人口は2万人に達し、第2次大戦直後でも1万

２０００人余りの島民が住んでいた。
しかし、日本の敗戦で与那国島はアメリカ軍の統治下に置かれ、台湾は中国に復帰した。

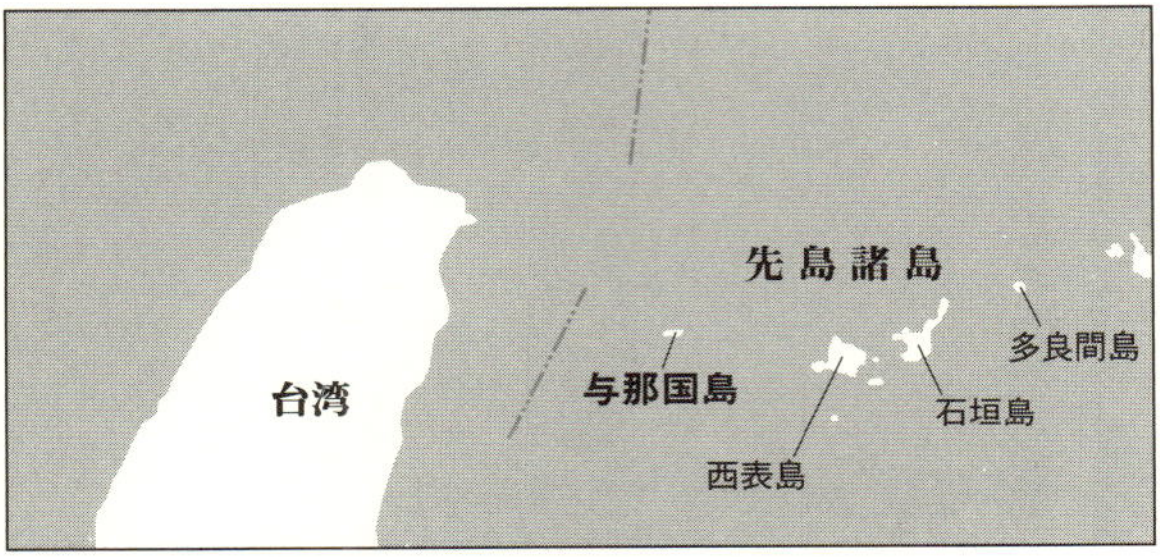

図9　国境線が引かれて人口が激減した与那国島

そして、台湾と与那国島との間の太平洋上に国境線が引かれることになった。そのため、両島を自由に行き来することができなくなり、与那国島の経済は著しく停滞、人口も激減した。さらに、昭和30年代に始まった日本の高度成長で地方から都市への人口移動が急速に進み、過疎化に拍車がかかった。与那国島の人口は減少の一途をたどり、現在ではわずか１７００人余りと、最盛期の10分の1以下というありさまである。

このまま何の対策も講じなければ、与那国島が無人島にならないとも限らない。なんとしてでも人口に歯止めをかけなければ島の将来はないと、２００８年9月、与那国町議会は自衛隊誘致決議案を賛成多数で可決した。自衛隊を与那国島に持ってくれば人口が増加し、税収もアップする。しかも、与那国島は国境の島なので、自衛隊が常駐してくれれば心強いという島民の思いもある。中国や台湾との間で領有権が争われている尖閣《せんかく》諸島の周辺海域では、中国が海底油田などの資源探査を行ったり、領海を侵犯したりしている。国防上の意味からも、国境の島の与那国島に自衛隊を置くことが必要だというのである。

しかし、一方では反対意見も根強かった。自衛隊を誘致しても人口の減少に歯止めがかかるという保証はない。また、与那国町と台湾の花蓮《かれん》市が1982（昭和52）年に姉妹都市提携を結んでおり、これまで友好的な関係を続けてきた。それだけに、自衛隊の誘致で台湾を刺激し、これまで築いてきた友好関係を悪化させたくないという事情もある。それに、自衛隊が来ることで自然豊かな島の魅力が損なわれ、与那国島に古くから伝わる伝統や文化なども失われてしまうという懸念もある。自衛隊を誘致するのではなく、ほかの道を探るべきだというのである。

自衛隊誘致の賛成派と反対派は真っ向から対立し、平和な国境の島が大きく揺れ動いていたが、2015年末までに沿岸監視部隊を配備することが決まっている。また、2014年4月には、陸上自衛隊駐屯地の起工式が与那国島で行われた。

12 30以上あるのに十二湖、一つしかないのに十三湖

青森県に、十二湖《じゅうにこ》および十三湖《じゅうさんこ》というよく似た名前の湖がある。どちらの湖も日本海側にあり、ともに津軽国定公園内の主要な観光ポイントになっている。名前がよく似ているので混同しやすいが、風景やたたずまい、湖の形などは似ても似つかない。どちらも個性のある美しい湖である。

十二湖は世界遺産に登録されている白神山地の北西麓に点在する湖沼群で、玉池、中ノ池、落口《おちくち》ノ池、鶏頭場《けとば》ノ池、青池、糸畑ノ池、牛蒡《ごぼう》ノ池、濁《にごり》池、大池など、30以上もの湖沼からなっている。それなのに、なぜ三十湖ではなく十二湖というのだろうか。

一説には、湖沼群の東側にそびえている崩山《くずれやま》（９４０ｍ）から望むと、12の湖沼が見えることから十二湖と名づけられたとされる。偶然か必然か、1万㎡以上の湖沼が12ある。そこから十二湖の名前が生まれたのではないかともいわれている。双方とも、もっともらしい説だが定かではない。だが、湖の数から生まれた湖名であることだけは間違いなさそうである。

十二湖は、江戸時代に発生した能代《のしろ》大地震で周囲の崖が崩壊し、川が堰き止められて形成されたものであるらしい。うっそうと茂る原生林に囲まれた静寂の中に、30余りの美しい湖沼が点在している。十二湖のすぐ西側には、「日本キャニオン」と呼ばれる白い凝灰岩《ぎょうかいがん》の大断崖がある。スケールはいささか小さいが、アメリカのグランドキャニオンに似ていることから名づけられた景勝地だ。

十三湖は十二湖から北東へおよそ60㎞、津軽半島の真ん中あたりから日本海側に注いでいる岩木川の河口にある潟湖《せきこ》だ。湖口が250mあまり開いており、「十三」という名前の集落が砂洲上に開けている。十二湖は30余りの湖沼を合わせても、総面積は0・3㎢ほどしかないが、十三湖は20・6㎢（千代田区の約2倍）もの大きさがあり、名前は十三湖だが一つの湖である。なぜ十三湖というのか、湖名の由来には諸説ある。

古くは「十三」と書いて「トサ」と読んでいた。アイヌ語のト（沼、潟）・サ（そば）に十三の文字を当てたものだという。だが、津軽藩主が土佐守に任じられたため、藩主と同じ読みであることに遠慮して、「ジュウサン」と音読するようになったのだといわれる。また、湖口が狭くなっている「門狭《トサ》」からきているのではないかともいわれている。十三湖の湖口には、十三湊《とさみなと》という、中世には日本海側有数の交易港として栄えていた港町があった。湖畔からは陶磁器など当時の遺跡も出土しており、「五所川原《ごしょがわら》市十三湊遺跡」として国の史跡に指定されている。

これほど繁栄していた十三湊がなぜ衰退してしまったのか不思議だが、十三湖には岩木川や山田川、鳥谷川など、大小幾筋もの河川が流入しており、上流から運ばれてくる土砂が堆積して、港としての機能を失ったからだとみられている。十三湖の最大水深は3mにも満たない。しかし、今では宍道湖《しんじこ》、小川原湖《おがわらこ》などとともに日本有数のシジミの生産地になっており、ハクチョウの飛来地としても知られている。ここに、かつて日本有数の港町があったとは信じ難いような静けさである。

13 日本一短い川は道路幅にも満たず

日本一長い河川が、全長367kmの信濃川だということは誰でも知っている。だが、これはあくまでも信濃川水系の本流の長さで、信濃川と呼ばれているのは新潟県内を流れる153kmの区間だけ。長野県内では千曲川と呼んでいる。信濃川に次いで長い利根川は、源流から河口までの全長322kmを一度も名称を変えることなく流れているので、利根川が日本一長い河川だといえなくもない。

では、日本一短い川はいったいどれくらいの長さなのだろうか。余りの短さに唖然とする。河川法の適用を受けているれっきとした川でありながら、信濃川の2万7000分の1しかないのだ。市街地の中を走っている幹線道路の幅員にも満たないという、信じられないような短さなのである。

北海道南西部の島牧村《しままきむら》に、全長9・8kmのホンベツ川という小さな川が流れている。この

ぶつぶつ川　Myama2 CC BY-SA 3.0

ホンベツ川に1997年、高潮の被害を防ぐための防潮水門が建設された。その際、防潮水門から河口までの30mだけが二級河川に指定された。これにより、ホンベツ川は「日本一短い二級河川」の地位を得た。水門から上流は、河川法の適用を受けない普通河川のままである。

ところが2008年10月に、ホンベツ川よりもさらに短い川が誕生したため、ホンベツ川は10年余りで「日本一短い川」の座を失うことになる。その川は、落差日本一の滝で名高い那智ノ滝《なちのたき》がある那智勝浦町を流れている。玉ノ浦海水浴場から熊野灘に注ぐ粉白川《このしろがわ》の支流の「ぶつぶつ川」で、全長わずか13・5m。およそ川とはいい難いほどの短さである。川幅も1mそこそこしかない。それでも、河川法で指定された正真正銘の二級河川なのである。これだけ短い川に、名前がついていること自体びっくりするだろう。

ぶつぶつ川は、川底からぶつぶつと水が湧き出していることからつけられた名前だというが、この地区では古くから名水として知られていたようだ。不思議なことに、ぶつぶつ川は満潮になると水が湧き出し、干潮には水が出なくなるという。水源が海岸のすぐ近くにあるにもかかわらず、塩分を含んでいない真水で飲用水としても使われている。

ぶつぶつ川が吉野熊野国立公園内にあることから、和歌山県ではぶつぶつ川の環境や景観などを守り続けていくという決意のもと、2008年10月に二級河川に指定した。これによって、河川法の適用を受ける一級河川、二級河川および準用河川の中で、「ぶつぶつ川」が「日本一短い川」の称号を授かることになったのである。二級河川に指定された当日は記念式典も催され、保育園児による笹舟流しや獅子舞保存会による獅子舞が奉納されるなど、地元では大いに盛り上がった。この様子が新聞やテレビなどのメディアで紹介されたことから、ぶつぶつ川の存在が全国的に知られるようになった。ちなみに準用河川で最も短いのは、山形県の真室川町《まむろがわまち》を流れる「東町塩野川」の15mである。

また、和歌山県には日本一長い二級河川の日高川(127㎞)も流れている。これで二級河川の長短日本一が、同じ和歌山県に揃うことになり、地元では観光名所が一つ増えたと喜んでいる。

第3章

全市町村の45％は過疎地だった！

——合併・分裂がまだまだ続く日本の市町村

1

戦後やっと市になった都市が、今は政令指定都市

平成の大合併で政令指定都市になる要件が緩和されたことにより、中規模の市にも政令指定都市になれるチャンスが出てきた。とはいっても、人口70万人以上を有していなければならないので、依然としてハードルは高い。したがって、市に昇格してからさほど年月の経っていない都市が、政令指定都市になれるはずはないと考えるのが普通だ。現在ある政令指定都市を見わたしてみても、どこも都市としての歴史は古く、長い間その地域の中心的な役割を担ってきている。

２００９年までに誕生した政令指定都市18市のうち、仙台、横浜、新潟、静岡、名古屋、京都、大阪、堺、神戸、岡山、広島、福岡の12市は、市制町村制が施行された１８８９（明治22）年に市になっているし、さいたま市を除く他の都市も、大正末期までには市に昇格している。さいたま市にしても、昭和初期に生まれた複数の市が合併して、政令指定都市になったものである。

ところが、戦後になってやっと市に昇格したのに、その後目覚ましい発展を遂げて政令指

定都市になった市がある。神奈川県の相模原《さがみはら》市だ。戦後生まれの市が政令指定都市になるのは全国で初めてのケースである。1941（昭和16）年に高座《こうざ》郡の8町村が合併して相模原町となり、それから13年後の1954（昭和29）年に神奈川県下では10番目、全国では453番目の市として誕生した。その相模原市が、全国にある県庁所在地などの主要都市に先んじて政令指定都市になることを誰が想像しただろうか。

相模原市を構成している旧町村は、昭和の初め頃までは養蚕《ようさん》と畑作を主とする農村地帯だったが、日中戦争後に軍事施設が進出して軍都として発展。昭和30年代に入ると、日本の高度成長に乗って工業団地が相次いで造成され、東京都心にも近いことからベッドタウンとして人口が急増した。1960（昭和35）年に10万人台の大台に乗ったかと思ったら、それからわずか7年後の1967年には20万人を突破。71年には30万人、77年に40万人、87年に50万人、2000年に60万人を超えた。40年間で6倍になるという驚異的なスピードである。しかもこの間、一度も合併せずに単独でこれだけ人口を増やしたというのだから、その成長ぶりには目を見張る。全国を探しても、これだけのスピードで発展を遂げた都市はおそらく他に例がないだろう。

相模原市は2006（平成18）年に津久井町《つくいまち》と相模湖町を、翌07年には藤野町と城山町を編入して70万人を突破した。そこで2009年10月の閣議で、相模原市を政令指定都市に昇格させることを正式に決定し、翌10年4月、全国で19番目の政令指定都市になった。神奈川県下では横浜、川崎に次いで3つ目の政令指定都市だ。県内に政令指定都市が3市もあるというのは、全国で唯一神奈川県だけである。

相模原市は東京のベッドタウンとして人口を増やしてきた。そのため、70万人以上もの人口を有している都市でありながら、その核となる中心地がない。都市機能も充分に備えているとはいえず、このような市を政令指定都市にすることが果たして望ましいことなのかと批判的な声もあったが、次第に大都市としての風格を備えつつある。

② 両毛に政令指定都市は誕生するか

市町村合併をすれば人口70万人以上を超え、それによって政令指定都市の要件を満たす地域は各地にある。特に日本の総人口の3分の1が集中する首都圏に多い。関東地方の北部には、越県合併をして政令指定都市を目指している地域もある。「両毛《りょうもう》」と呼ばれている地域がそうだ。両毛は群馬、栃木両県の人にはなじみがある地名だが、他県の人にはどこのことをいうのか、よく分からないのではないだろうか。両毛の「両」は、群馬と栃木の両県のことを指しているが、では「毛」はどこからきたのか。

群馬と栃木にまたがる地域は、古代には「毛野国《けぬのくに》」と呼ばれていた。「毛」は畑作物のことで、この地域で穀物がよく採れたことが地名の由来だといわれている。毛野国が7世紀頃に上と下に分かれ、都に近い群馬県側が「上毛野国」、都の下手にある栃木県側が「下毛野国」と呼ばれるようになった。そして、8世紀初めの漢字2字化政策によって、「毛」の字が省かれて「上野《こうずけ》」と「下野《しもつけ》」になったのである。

「両毛」という地名は、明治中頃に両毛鉄道（現在のＪＲ両毛線）が開業してから、この地域を指す地名としてよく使われるようになった。群馬県では県の北部のことを「北毛」、西部を「西毛」などと呼んでいる。また、栃木県の地方紙は下野新聞だが、群馬県の地方紙は上毛新聞という。群馬県の人のほうが「毛」により強い愛着を持っているといえそうだ。

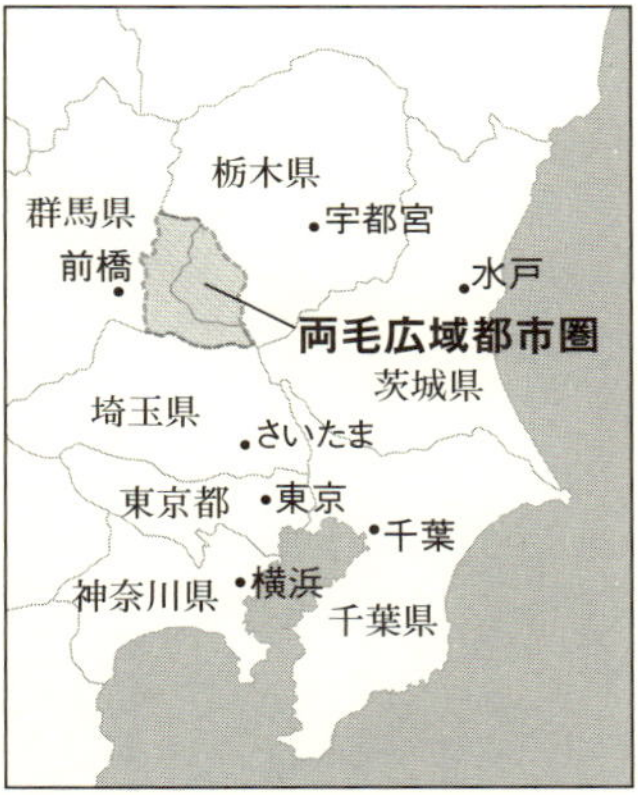

図10　群馬と栃木の県境をまたぐ両毛広域都市圏

狭義の両毛は、群馬県の南東部から栃木県南西部にかけての地域を指している。この両毛地方は、古くから県境を越えて経済的、文化的な結びつきが強く、生活圏も共有してきた。そこで、１９９

2（平成4）年には「両毛広域都市圏総合整備推進協議会」が発足し、地域の発展をめざして連携を深めつつある。この協議会を構成する自治体は群馬、栃木両県の20町村だったが、平成の大合併で11市町に統合された。群馬県の桐生《きりゅう》、太田、館林《たてばやし》、みどりの4市と邑楽《おうら》郡の5町（大泉、千代田、明和、板倉、邑楽）、それに栃木県の足利《あしかが》、佐野の2市、この顔触れが狭義の両毛と呼ばれている地域である（図10）。

この11市町が合併して、政令指定都市を誕生させようという構想が持ち上がったことがある。もしこれが実現すれば、人口およそ86万人、面積は東京特別区（23区）の2倍以上を有する北関東一の大都市になる。政令指定都市になれば、行政の効率化が図れるばかりではなく、都市としての地位も著しく向上する。そして、もし道州制が導入された場合は、北関東州の州都になることも夢ではなくなる。それだけに、地元では合併をめぐる議論も活発に行われた。ただ、県境という高いハードルがあるだけに、容易に実現できる話ではない。たとえ実現することになったとしても、この都市は群馬と栃木のどちらの県に属することになるのか。その前に、市役所をどこに置くかでひと波乱もふた波乱も起きそうだ。同程度の都市と都市が合体するわけだから、すんなり決まるとも思えない。政令指定都市は、単なる夢物語に終わってしまうのだろうか。

3 村から町へ、そして市に昇格したと思ったらいきなり村に

一度合併した市町村が分離独立して、元の自治体に戻ってしまったという例は決して珍くない。だが、村から町に昇格し、さらに市にまでなりながら、いきなり村になり下がってしまったという例はそうあるものではない。しかも、住民が望んで一度手にした「市」というブランドを手放してまで村に戻ったというのだから、事情を知らない人は理解に苦しむことだろう。

その村とは、天竜川の右岸に開けている長野県の宮田《みやだ》村のことである。宮田村は駒ヶ根市の北に隣接した小さな村で、古くは三州街道の宿場町として栄えた。現在は、中央アルプスにそびえる木曽駒ヶ岳の登山基地として賑わっている。

宮田村は1889（明治22）年の市制町村制で成立し、それから半世紀余り経った1954（昭和29）年1月、念願の「町」に昇格。同年7月には宮田町と赤穂《あかほまち》町、中沢村、伊那村の4町村が合併して駒ヶ根市になった。ところが、それから2年後の1956年9月には、旧宮田町だけが駒ヶ根市から分離独立して宮田村に戻ってしまったのである。

そもそも4町村の合併自体に無理があった。この合併は赤穂町の主導で行われ、しかも民意をまったく無視して行政の上層部が独断で決めたものであるとして、住民による激しい反対運動が展開された。宮田町の住民の大部分がこの合併には反対であると、国や県にも合併無効を訴え続け、住民不在の市議会は混迷を深めた。それを収拾するための妥協案として出されたのが、いったん合併を成立させ、その後に旧宮田町だけを分立させたらどうかというものである。

宮田町と赤穂町はもともと仲が良くなかった。宮田町と赤穂町の境界になっている大田切《おおたぎり》川《がわ》の水利をめぐって、藩政時代からトラブルが頻発していたのである。それに、赤穂町は幕府の直轄地であるのに対し宮田町は高遠藩《たかとお》の管轄というように、町の成り立ち、風土、習慣、文化などあらゆる面で両地域は大きく異なっていたのだ。

宮田町や赤穂町などの4町村が合併すれば、待望の市に昇格できる。だが、宮田町がこの枠組みから抜けると、「人口3万人以上」という市になるための要件が満たされなくなる。そのため、なにがなんでも宮田町を加えて合併を成立させたかった。いったん市に昇格すれば、その後はどれだけ人口が減少しようが、市から町や村に格下げされることはないからである。

合併が成立後、駒ヶ根市議会で約束通り宮田町の分離独立が認められるものと思われたが、意に反して否決されたため、宮田町選出の議員が市議会をボイコットするなどして議会は紛糾。そのため県が調停に乗り出して宮田町の分立が認められることになった。

しかし、町制施行に関する県の条例が改正されていたため、宮田町が駒ヶ根市から分立すると町になるための要件が満たされなくなる。村にならざるを得ないのである。それでも住民は村になることを選択した。宮田町は駒ヶ根市の成立に利用されて村になり下がってしまった格好だが、村の希少価値が高まっていることもあり、今となっては結果的には町に戻れなくてよかったのかもしれない。それにしても、村↓町↓市↓村と、2年半余りという短期間にこれだけ目まぐるしく行政組織が変わったというのは全国でも例がないだろう。

4 すべての市町村が海に面している都道府県は存在するか

日本は周りを海に囲まれた島国のため、海岸線にはことのほか恵まれている。だが47都道府県のうち、栃木、群馬、埼玉、山梨、長野、岐阜、滋賀、奈良の8県はまったく海に恵まれておらず、すべてを陸地に囲まれている。市町村単位でみると、日本の海岸線が複雑に屈曲しているとはいえ、海に面している市町村よりも海に面していない市町村のほうがはるかに多い。当然、海を持たない栃木県や長野県など8つの県にある市町村は、すべて海とは無縁であるが、海に面している県でありながら、ほとんどの市町村が海に面していないという県もある。

たとえば、山形県は県内にある35市町村のうち、海に面しているのは鶴岡市と酒田市、遊佐町《ゆざまち》の3市町だけで、残りの32市町村は海岸線を持っていない。福島県も59市町村のうち海に面しているのはいわき市、相馬市《そうま》など10市町村だけだ。東京都も23区のうち海に面しているのは江戸川、江東、中央、港、品川、大田の6区だけで、多摩地区にある30市町村はすべて海に面していない。周りを太平洋と東京湾に囲まれ、県自体が半島状になっている千葉県でも、54市町村の半数にあたる27市町村は海に面していない。

では市町村のすべてが海に面しているという都道府県は存在するのだろうか。残念ながら、すべての市町村が海に面しているという県は存在しないが、海に面していないのは1町だけ、という県が二つある。海に面していない県はどこか、ということに関しては比較的関心が持たれているが、普段は市町村のことまでは気にも留めていないので、これはかなりの難問だろう。都道府県の位置や地形を理解していれば、おおよその見当がつけられるものだが、海に面していない市町村が一つだけしかない県はどこかということになると、即座に答えられる人はまずいないといってもいい。

周囲を海に囲まれ、しかも県域が細長いという好条件を備えている沖縄県がその一つだ。沖縄県は沖縄諸島や宮古、八重山諸島などの島々からなっており、県内の6割以上の市町村が集まっている沖縄本島も、幅が5〜15kmしかない細長い島である。したがって、すべての市町村が海に恵まれていそうなのだが、県下41市町村のうち1町だけが海に面していない。その1町とは、周囲を那覇市、八重瀬町《やえせちょう》、南城《なんじょう》市、与那原町《よなばるちょう》、西原《にしはら》町《ちょう》の5市町に囲まれていて、まったく海に面していない南風原町《はえばるちょう》である。

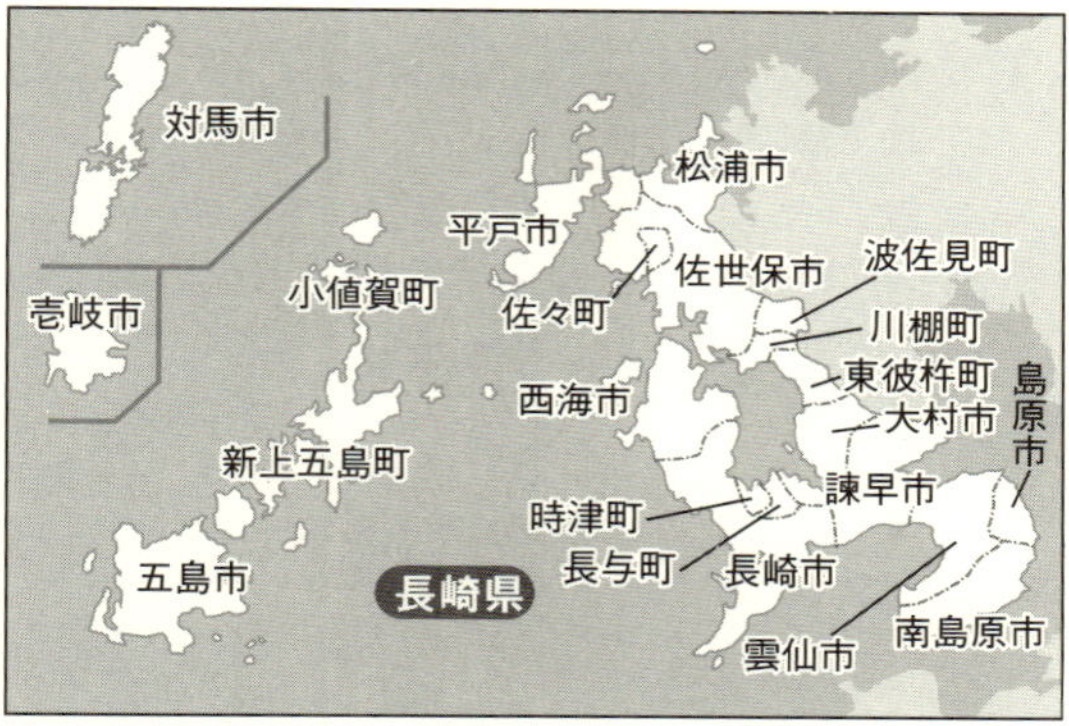

図11　1町を除いてすべて海に面している長崎県

　県の総面積の約45%を離島で占めている長崎県も、ほとんどの市町村が海に面しており、海のないのは1町だけである（図11）。本土側の県域も、島原半島や西《にし》彼杵《そのぎ》半島などが複雑に入り組んでいて、最も幅の広いところでも20kmほどしかない。そのため、県内にある21市町のうち、佐賀県と接している波佐見町《はさみちょう》を除くすべての市町村が海に面している。県北部にある佐々町《さざちょう》は、周囲のすべてを陸地に囲まれているようにも見えるが、詳細な地図で確認すると小佐々浦にわずかだけ面していることがわかる。それにしても、ほとんどの市町村が海に面しているというのは、海のない県の人たちにとってはうらやましいような話だろう。

5 政令指定都市なのに、なぜ過疎地域？

大都市圏と地方との人口や経済などの格差は年々拡大しつつあり、過疎化は深刻な状況にある。過疎化対策は少子高齢化とともに、日本が直面する避けては通れない大きな社会問題である。「過疎地域」というと、山深い山村や離島など人口が希薄な地域のことで、都市部は過疎地域とは無縁だと思っている人も少なくないが、総務省は市町村単位で過疎地域を指定しているので、大都市でも過疎地域になり得る。

過疎地域とは、長期にわたって人口減少を続けている地域をいい、そのため教育や消防、医療など地域社会の機能が低下している。総務省は2000（平成12）年4月、「過疎地域自立促進特別措置法」を施行。過疎対策として補助金を交付するなど優遇し、福祉の向上や雇用の創出、地域産業の振興など、自治体が自立するための支援をしている。過疎地域の特徴は、地元に主要な産業がないため若者が他地域へ流出してしまい、高齢化が他地域より高い水準にある。税収も減少していくため財政力が弱く、やがては北海道夕張市などのような財政再建団体に陥りかねない。もしそうなれば、住民はより重い負担を強いられ、生活が圧迫されることになる。

２０１２（平成24）年４月現在、過疎地域に指定されている市町村は７７５（全体の45％）にも上る。この中には、平成の大合併で過疎地域に指定されている市町村と合併したことにより、市域の一部に過疎地域が存在することになった市も含まれる。過疎地域に特定されていない市町村がまったく存在しないのは、神奈川県と大阪府だけ。東京都でも伊豆諸島の新島村、三宅島《みやけじま》村、青ケ島《あおがしま》村、奥多摩の檜原《ひのはら》村、奥多摩町の５町村が過疎地域に指定されており、北海道は35市のうち21市までが過疎地域である。

新潟県上越市などのように、20万人近くの人口を有していながら過疎地域に指定されている都市もある。もっとも、上越市は平成の大合併で編入した13町村のうち９町村までが過疎地域に指定されていたため、これらの町村と合併したことによって過疎地域の要件を満たして指定されたものである。北海道の釧路市や宮城県の石巻市、山形県の鶴岡市、熊本県の八代市なども、人口10万人以上の都市なのに過疎地域である。

京都市や浜松市、岡山市などは、政令指定都市でありながら市域の一部に過疎地域がある。

平成の大合併で過疎地域に指定されている町村を編入したからだ。秋田、富山、福井、甲府、長野、津、鳥取、松江、高松、松山、高知、佐賀、長崎、大分、鹿児島などの県庁所在地も同様である。

過疎化が進めば地域社会が崩壊し、住民が一定水準の生活を維持できなくなる。何も対策を講じなければ、やがては地域社会の機能を持たない限界集落になってしまうだけに、なんとしても過疎化の進行に歯止めをかけなければならない。

6 村の数が最も多い都道府県はどこか

村は年々減少しつつあり、市は増加の一途をたどっている。1930（昭和5）年には、全国に1万2992もの村があった。全国にある市町村の86％が村だったのである。日本の国土のほとんどが、村で覆い尽くされていたといってもよかった。1県当たり219の村を有していた計算になる。それに対して市の数は109で、1県平均わずか2・3市に過ぎなかった。しかし、その後毎年のように合併が各地で行われ、村は次第にその数を減らしていった。それとは逆に、市は年々その数を増やしている。

１９５４（昭和29）年10月には、村は半分近くの５８７８村にまで激減。一方、市の数は２８６市と２・６倍になった。市が増えるたびに村の数は減っていき、１９６１（昭和36）

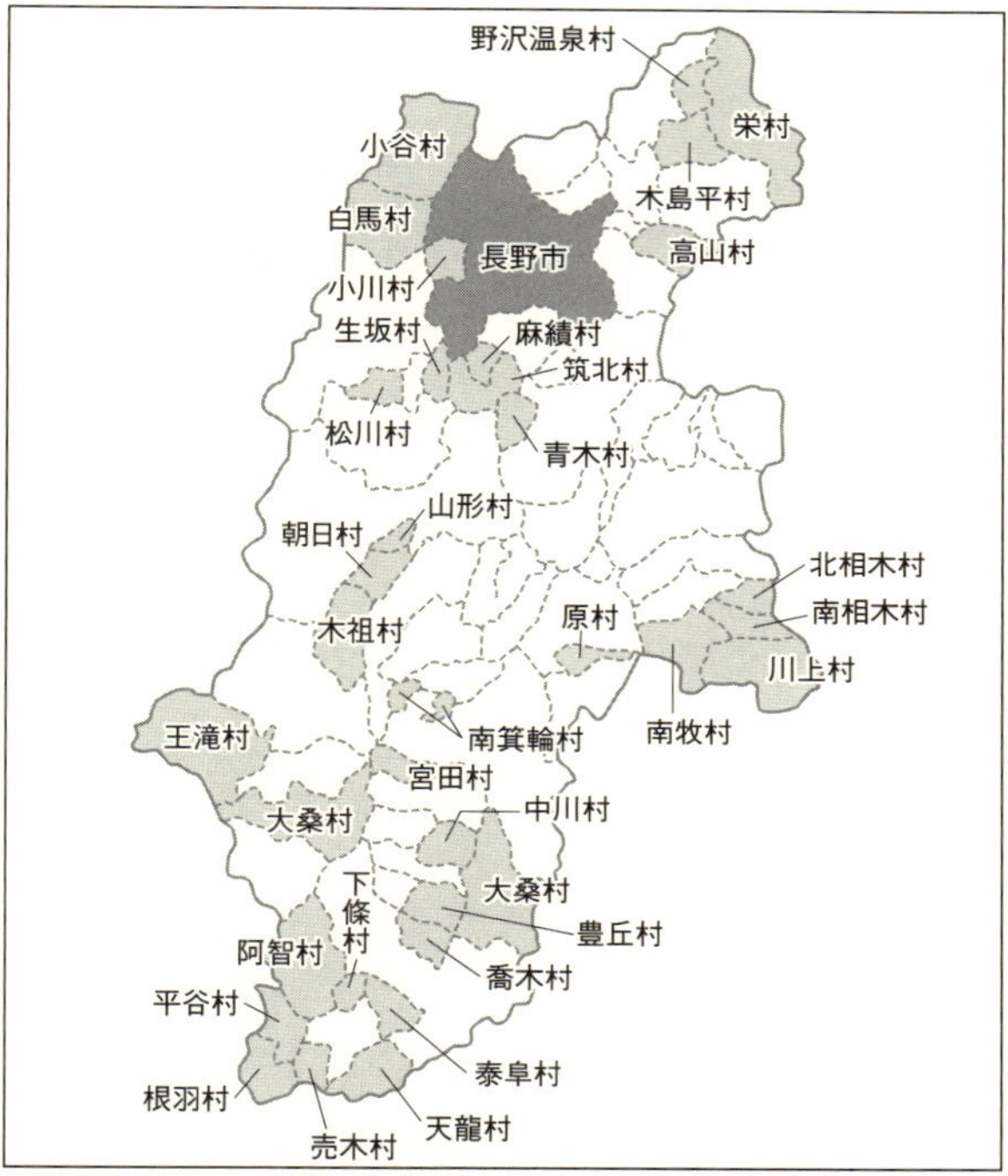

図12　日本一村が多い長野県

年４月には１０００の大台を割り込んで、９９５村にまでなった。そして１９７５（昭和50）年には、ついに市の数（６４３市）と村の数（６３５村）が逆転したのである。その後も、村の減少に歯止めがかかることはなかった。平成の大合併前の１９９８（平成10）年４月には５６９あった村は、各地で大型合併が成立したため、１８３村（２０１４年４月末）と３分の１

以下にまで減少。市の数（790市）の4分の1にも満たないというありさまである。

いまや、村は希少価値になった感がある。かつては村であることにコンプレックスを抱いていた住民が多かったが、最近では「町」に昇格する要件を満たしても、町になることを歓迎しない住民が増えている。村は近い将来、完全に姿を消すのではないかと危惧されているため、村のブランド力はますます高まっているといえよう。村が一つもないという県は、平成の大合併前までは兵庫県と香川県だけだったが、平成の大合併で新たに栃木、石川、福井、静岡、三重、滋賀、広島、山口、愛媛、佐賀、長崎の11県が加わり、全部で13県にもなった。大都市圏の東京や神奈川、大阪、愛知などに村があって、過疎化が深刻な地方の県に村が一つもないという不思議な現象が起きている。

しかし、地方へ行ってみると村の集合体のような、都市としての機能を備えていない市が少なくない、というのが実態のようである。村の数が最も多いのは、普通に考えると広大な面積を有し、過疎地の多い北海道ではないかということになりそうだが、北海道には村が意外に少ない。北海道では、人口が3000人未満でも「町」を名乗っている自治体が多いのである。

日本一村が多いのは長野県の35村で、県内にある77市町村数の45％を占めている（図12）。長野県に次いで多いのは、沖縄県である。面積は北海道の37分の1、長野県の6分の1しかないのに19の村がある（46％）。沖縄は日本で唯一の島しょ県で、それぞれの島で一つの村を形成しているケースが多いから村が多いのだろう。第3位は北海道と福島県の15村。奈良（12村）、群馬、東京、熊本の8村がこれに続く。これを見てもわかるように、村の数と過疎地域に指定された市町村の数とは必ずしも比例していない。

7 北海道に存在していた二級町村制とは？

明治政府は廃藩置県後も府県の統廃合を行い、明治の半ばになってやっと現在の行政区分の原型を完成させたが、末端の地方組織にはほとんど手がつけられていなかった。そのため、1889（明治22）年に市制町村制を施行し、地方自治制度の確立を目指した。しかし、北海道は市制町村制の適用からは除外された。というのも、北海道は明治以降に開発されたばかりの歴史が浅い地域であったため、地方組織の基盤が固まっておらず、財政的にみても自立して行政を運営していけるような状態ではなかったからである。

1886（明治19）年に全道を管轄する北海道庁が設置され、1897（明治30）年5月には北海道区制、一級町村制、二級町村制が公布された。また、同年11月には支庁制が導入

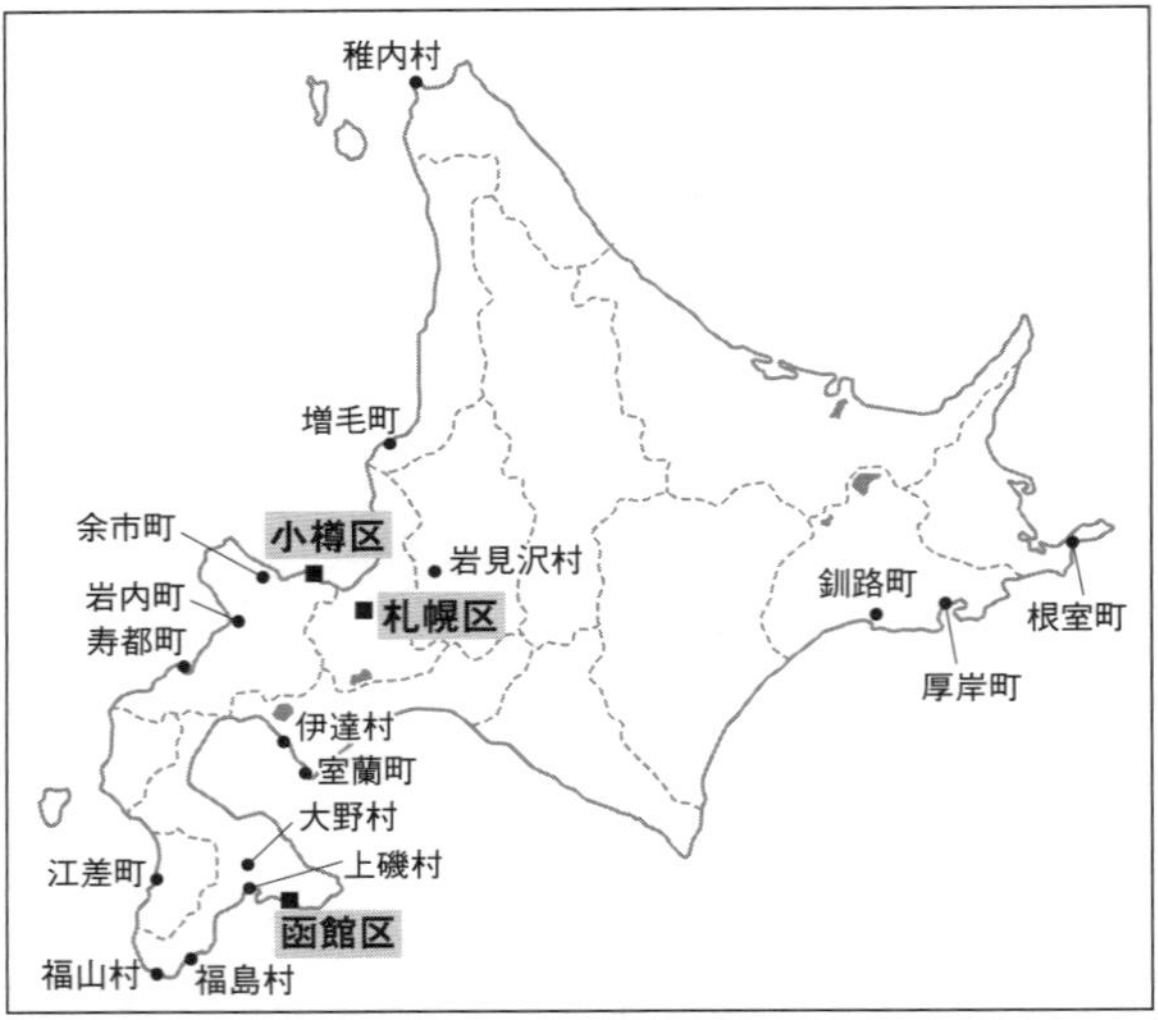

図13　1899年に施行された北海道の3区と1900年に施行された一級町村

され、函館、亀田、松前、檜山《ひやま》、岩内、寿都《すっつ》、小樽《おたる》、札幌、増毛《ましけ》、宗谷、空知《そらち》、上川、網走、紗那《しゃな》、河西《かさい》、根室、釧路、浦河《うらかわ》、室蘭《むろらん》の19支庁に区分された。その後の統廃合で、１９１０年までに14支庁になった。２０１０年４月には、それまでの14支庁は、９総合振興局と５振興局に再編された。

　末端の地方組織は、まず１８９９（明治32）年10月に北海道区制が施行され、最も開発が進んでいた函館、札幌、小樽の３地域に区制が敷かれた。区制は本州の市制に当たるものだったが、本州にある市のような自治権が認められていたわけではなく、道庁と支庁の指示を仰ぎながら行政運営を行っていた。

翌年（１９００）７月に一級町村制が施行され、16の町村（福山村、福島村、上磯村《かみいそ》、大

《北海道二級町村リスト》 1902（明治35）年4月1日施行（62町村）

支庁（現・振興局）	町村名
石狩	豊平村、札幌村、手稲村、白石村、広島村、石狩町、花川村、当別村、厚田村、望来村、浜益村、黄金村
渡島	木古内村、七飯村、亀田村、湯川村、銭亀沢村、戸井村、森村、八雲村、熊石村
檜山	瀬棚村、久遠村、乙部村、上ノ国村
後志	朝里村、高島村、大江村、古平町、美国村、磯谷村
空知	由仁村、角田村、長沼村、奈江村、新十津川村、深川村
上川	なし
留萌	苫前村、羽幌村、留萌村、三泊村
宗谷	鬼脇村、鴛泊村、仙法志村、沓形村、船泊村、香深村
網走（オホーツク）	網走町、能取村、藻琴村
胆振	虻田村、弁辺村、苫小牧村
日高	浦河町、西舎村、杵臼村、荻伏村
十勝	帯広町、伏古村、上帯広村、売買村、幸震村
釧路	なし
根室	なし

野村、江差町《えさしちょう》、寿都町、岩内町、余市《よいち》町、岩見沢村、増毛町、稚内村、根室町、厚岸町《あっけしちょう》、釧路町、室蘭町、伊達《だて》村）が一級町村に指定された（図13）。一級町村制の要件として、戸数１０００戸、人口５０００人以上が基準とされた。地図を見れば分かるように、北海道区制および一級町村制の指定を受けた区町村は、ほとんどが北海道南部の沿岸部に開けた集落で、内陸部の開発は手つかずの状態であったといってもよい。現在では北海道有数の都市に成長している旭川や帯広、北見など内陸に発達した都市は、当時はまだ一級町村制

に指定されるだけの集落を形成していなかった。

１９０２（明治35）年４月に二級町村制が施行され、一級町村より小規模な62の町村がその指定を受けた。いよいよ地方自治の一歩を踏み出したわけだが、二級町村にはほとんど自治権が認められていなかった。たとえば一級町村は町村長と助役、収入役の３役は町村会の選挙で選任され、北海道庁長官の認可を受けるというシステムだったが、二級町村の場合は選挙を行わず、町村長は北海道庁長官が任命し、収入役は支庁長が任命、助役を置くことは認められていなかった。また、町村会議員の選挙権も1年以上居住している者、一定水準以上の地租および国税を納めている者、基準以上の耕地および宅地を所有している者に限られるなど、当時の北海道の町村制は、健全な地方自治の姿とは程遠いものであった。

本州より一歩も二歩も遅れていた北海道だったが、１９４３（昭和18）年に一級・二級町村制が廃止され、さらに戦後の１９４７年に地方自治法が施行されて初めて府県と同等の自治権を有する自治体になったのである。

⑧ 屯田兵が最初に入植した地と最後に入植した地

北海道は明治になるまで未開の原野だったが、その原野を開拓し、今日の発展の基礎を築いた最大の功労者は、屯田兵《とんでんへい》だったといえるだろう。１８７０（明治３）年、北海道開拓使次官に任命された黒田清隆《くろだきよたか》は、「北海道経営10ヵ年計画」を打ち出して72年から実施。しかし、北海道の開拓は困難をきわめ、人員不足もあってなかなか計画通りには進展していかなかった。そこで黒田清隆は、北海道の開発に必要とする労働力の確保と、ロシアの南下を防ぐための北方警備も兼ねた屯田兵の制度を太政官に上申。それが認められて１８７４（明治７）年に屯田兵の制度が発布された。この制度は、廃藩置県で職を失った士族の授産にも役立ったため、政府も全面的にバックアップ。開拓使次官の黒田清隆は北海道の開拓に全力を注いだ。

屯田兵には移住費と3年分の給与、食糧、それに兵屋および開墾する土地が与えられ、家族を伴って入植した。しかし、厳寒地での屯田兵の生活

《屯田兵村名》

札幌市	琴似、山鼻、新琴似、篠路
江別市	江別、野幌
美唄市	美唄、高志内、茶志内
滝川市	南滝川、北滝川、南江部乙、北江部乙
深川市	北一已、南一已、納内
秩父別町	西秩父、東秩父
旭川市	西永山、東永山、下東旭川、上東旭川
当麻町	西当麻、東当麻
剣淵町	南剣淵、北剣淵
士別市	士別
湧別町	南湧別、北湧別
北見市	下野付牛、中野付牛、上野付牛
根室市	東和田、西和田
厚岸町	南太田、北太田
室蘭市	輪西

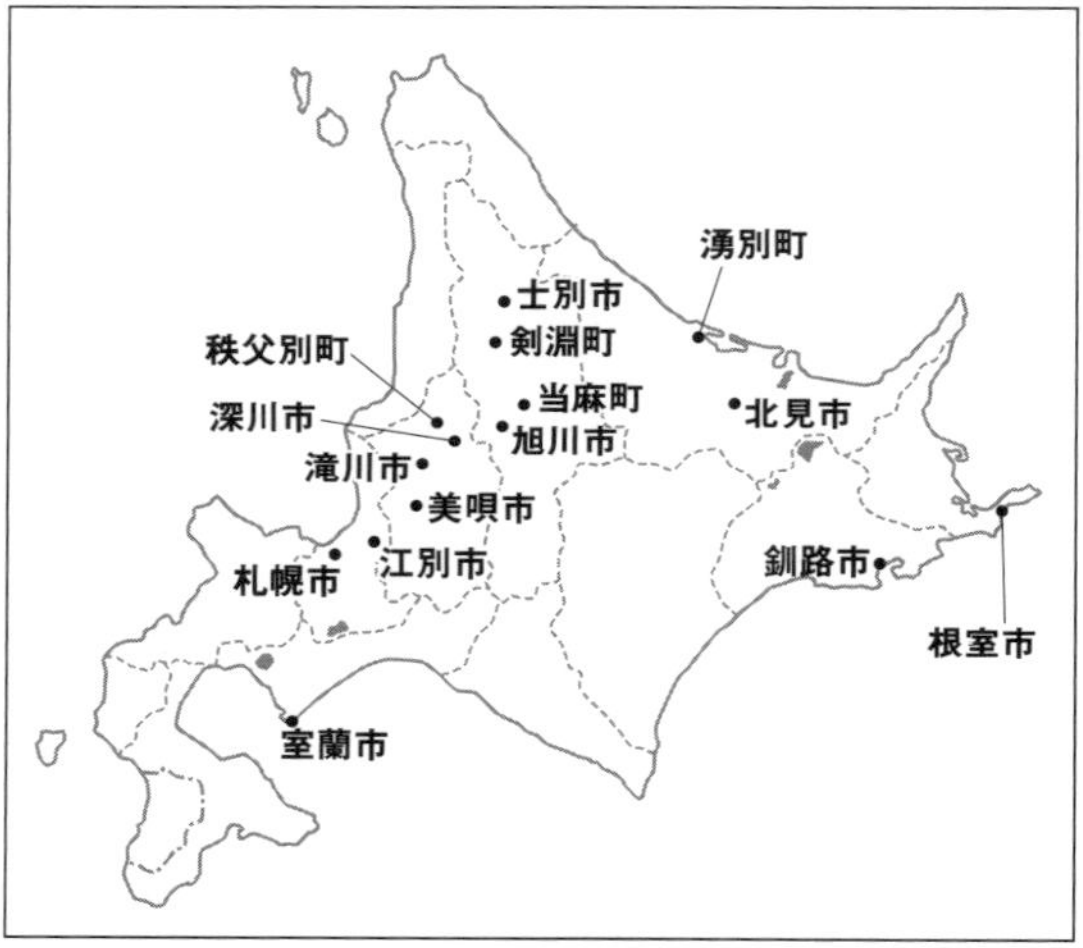

図14　屯田兵村が置かれた現在の自治体

は決して楽なものではなかった。

屯田兵は、平時は開墾に従事し、有事に備えての軍事訓練も行った。そして軍隊を組織して西南戦争や日清戦争などにも参戦している。また、道路や水路などの開発にも携わり、災害に際してはその救助活動も行うなど、北海道の開発に果たしてきた役割ははかりしれない。

屯田兵は200戸1中隊を単位として組織され、それで一つの集落（屯田兵村）を形成した。1875（明治8）年に札幌近郊の琴《こと》似《に》村（現・札幌市西区）に入植したのが最初で、開発が進んでいくにつれて次第に石狩平野から北海道各地へと広がっていった。屯田兵村は全部で37ヵ所。1899（明治32）年に、上川支庁管内の士別《しべつ》市と剣淵町《けんぶちちょう》に設置されたのが最後の屯田兵村である（図14）。

北方警備と北海道の開拓に大きな功績を果たしてきた屯田兵制度も一定の役割を終え、1

904（明治37）年に廃止された。「屯田兵村と兵屋」は北海道遺産に指定され、琴似屯田兵村兵屋跡は1982（昭和57）年に国の史跡に指定された。

9 日本一の高地にある集落、その標高は？

日本は国土のおよそ70％が山地で占められており、30％の平地に日本の総人口の大部分がひしめき合っている。主要都市のほとんどが低地に市街地を形成しており、都道府県庁所在地で標高が200m以上の地にある都市は長野市と甲府市だけである。とはいっても日本は山国なので、ずいぶん標高の高いところにも多くの人が住んでいる。

標高が高くなっていくにつれて自然環境は厳しさを増し、居住地としては適さない。それでも、日本人は新天地を求め、厳しい自然を克服して、これまで人間が生活を営んでいくことは困難だと思われていた山深い原野にも鍬を入れてきた。しかし、それにも限度がある。富士山頂や日本アルプスにも、住もうと思えば住めないことはないが、常住してそこで生計を立てるには無理がある。では、日本で最も標高の高い地点に開けた集落はどこにあるのだろうか。

山梨県の北部、長野県との県境に近い牧丘町《まきおかまち》（現・山梨市）の柳平《やなぎだいら》地区が小学校も置かれていた集落としては日本一の高所にある。標高は約１５００ｍ、笛吹川《ふえふきがわ》支流の琴川上流に開けた戦後の開拓集落で、１９４６（昭和21）年に８戸が入植したのを皮切りに次第に戸数も増えていき、小学校も置かれるほどになった。寒冷地での農業は厳しく、１９６４（昭和39）年には方向転換して酪農に活路を求めたが、厳しい自然での生活に耐えられなかったのか、多くの人が山を去り、２０１４年４月現在、２戸の農家を残すばかりとなった。日本最高所にある小学校として知られていた牧丘第一小学校柳原分校も、２００７（平成19）年から休校になっている。

２００７年、近くに琴川ダムが竣工した。そのため酪農経営にも終止符が打たれ、ダムの建設で生まれた乙女湖を中心とする観光に活路を見出しつつある。琴川ダムの堤高は１４６ｍ、多目的ダムとしては日本一標高の高いダムである。昇仙峡《しょうせんきょう》にも近く、将来は観光地としても楽しみな地域である。

⑩ 二つに分裂した小学校が再び一つになった

県境をまたいだ市町村合併、すなわち越県合併はこれまで度々行われてきた。平成の大合併でも各地で越県合併案が浮上したが、そのほとんどは「県境」という高いハードルを越えることができず頓挫《とんざ》している。そんな中で唯一、長野県南西端の山口村が岐阜県への越県合併を果たした。山口村には、明治の文豪島崎藤村のふるさととして名高い木曽路の馬籠《まごめ》宿がある。それだけに、この合併は全国から注目を集めた。実はこの村は、かつて二つに分裂した歴史がある。越県合併を実現させたことにより、昭和の大合併で二つに引き裂かれた村が再び一つになったのである。だが、その裏にはあまりにも悲しい物語が秘められていた。

1874（明治7）年に、長野県筑摩《ちくま》郡の湯船沢村と馬籠村が合併して神坂《みさか》村となり、1889（明治22）年の市制町村制では、他村と合併することなく神坂村単独で村制を敷いた。神坂村は、昔から岐阜県との経済的なつながりが強い地域だった。そういった背景もあり、昭和の大合併では岐阜県中津川《なかつがわ》市との越県合併を望む住民の声が強く、1957（昭和32）年の神坂村議会では、越県合併案が賛成多数で可決された。中津川市議会と岐阜県議会もこの合併案に賛成の立場を取ったが、長野県議会はこれに猛然と反対。全会一致で越県合併議案を否決したため、国の裁定を仰ぐことになった。その結果、国は神坂村を二つに分割し、旧湯船沢村を中津川市に、旧馬籠村は隣接する長野県山口村に編入するという裁定を下した。

しかし、村内では越県合併の賛成派と反対派の住民が激しく対立し、骨肉の争いが演じられた。これまで平穏に暮らしてきた村人たちの生活はズタズタに引き裂かれ、親子、親戚の人間関係までおかしくなった。住民たちはいがみ合い、憎しみ合った。機動隊が常駐するという一触即発の状態にまで陥った。

最大の犠牲者は子供たちだった。神坂小学校は中津川市のものになったため、山口村にも神坂小学校が新設され、県境を挟んで同名の小学校が二つ存在することになった。しかも両校は1kmほどしか離れていない。新設の小学校が完成するまでの間、村内の寺や民家などを借りて、寺子屋授業で乗り切った。仲の良かった子供たちは引き裂かれ、二つの小学校に離れ離れにされてしまった。

それから50年、平成の大合併では紆余曲折《うよきょくせつ》があったものの、山口村の中津川市への編入が決まった。生活圏が中津川市にある山口村の人たちが、越県合併を選択したのは自然の成り行きだったといえる。島崎藤村のふるさとが岐阜県に持っていかれてしまうという思いも強かったが、長野県議会では、昭和の大合併で越県合併議案を否決して子供たちを不幸にしてしまったという苦い歴史があるだけに、今回は山口村の住民の意思を尊重して越県合併議案を可決した。

これで、50年前に二つに引き裂かれた村は再び一つになり、神坂小学校はもとの一つの場所に統合されることになった。しかし、山口村側の神坂小学校で学んだ卒業生たちは、母校がなくなることにやり切れない思いもある。住民の間には、今も集落の絆を崩壊させてしまった50年前のシコリが残っているというが、住民のわだかまりもやがて溶解し、再び深い絆で結ばれる日がくることだろう。

11 町長の交代で政令指定都市の飛び地が解消された

県庁所在地の静岡市は2003(平成15)年4月、港湾都市として名高い清水市と合併し、2年後に政令指定都市の仲間入りを果たした。平成の大合併では初めてとなる政令指定都市の誕生であった。そして、ただでさえ広大な面積を有していた静岡市が、2006(平成18)年3月、こともあろうに蒲原町《かんばらちょう》と飛び地合併までして、市域をさらに広げた。だが静岡市にとって、この合併は想定外のものだったといえる。

当初、静岡市の東に隣接する庵原《いはら》郡3町(由比町、蒲原町、富士川町)の間では、静岡市との合併案は構想に上がっておらず、あくまでも庵原郡3町による合併を模索していた。そして2003年12月、住民発議による3町合併協議会の設立を求める議案がそれぞれの町議会で討議されることになった。由比町議会では6対4の賛成多数で可決され、蒲原町議会でも6対5で可決した。しかし富士川町では、住民の多くが富士市との合併を望んでおり、富士川町議会では6対9で3町の合併案を否決してしまったのである。このように各町の足並みは揃わず、3町による合併は困難な状況になった。

そのため、由比町と蒲原町は方向転換を余儀なくされた。かといって、自立の道を進むには財政的に厳しく、町の将来に不安が残る。そこで一転、静岡市との合併を検討していくことになり、2004年に入って由比、蒲原の両町は、それぞれ静岡市との間で合併協議会を設置した。蒲原町で実施した静岡市との合併の是非を問う住民投票では、反対票が過半数を占め暗雲が立ち込めたが、蒲原町議会は住民の意思を無視して静岡市との合併を強力に推し進めた。そして翌3月、静岡市、由比町、蒲原町の3市町は、2006年3月末の合併にこぎつけ、静岡市が政令指定都市となった暁には、由比、蒲原の両町は静岡県清水区に編入する旨の合併協定書にも調印した。

ところが調印後、由比町議会で関連議案が否決され、静岡市との合併が白紙に戻されてしまったのである。そのため蒲原町だけが静岡市と合併することになった。由比町が抜けたことにより、蒲原町は静岡市の飛び地になったのである。政令指定都市としては、全国で初めての飛び地合併である。

由比町と静岡市の合併は成立しなかったが、住民の半数以上は静岡市との合併に賛成しており、その後の町議会の成り行き次第では合併の可能性は充分に考えられた。翌2007年4月の町長・町議会議員選挙では合併推進派が圧勝。翌月、合併賛成派の住民グループは、由比町議会に対して合併に向けた要望書を提出。そのため町議会で再度審議することになり、合併案は8対2の圧倒的多数で可決された。これで、静岡市との合併が一気に加速した。

2007年7月、静岡市・由比町合併協議会が再度設置され、県も全面的にこれをバックアップしたこともあって、翌年11月、由比町の静岡市への編入合併が実現することになった。これにより、静岡市に生じた飛び地は、わずか2年半余りで解消したのである。

12 平成の大合併で生まれた日本一小さな飛び地

平成の大合併で、岐阜市の東部に位置する多治見《たじみ》、可児《かに》、土岐《とき》、瑞浪《みずなみ》の4市と、笠原、御嵩《みたけ》、兼山《かねやま》3町の、7市町による広域合併構想が浮上した。もしこの合併が成立していれば、人口はゆうに30万人を超え、堂々と中核市の名乗りを上げることができる。中核市になれば県から委譲される権限も、都市計画、環境保全、福祉、保健衛生など多岐に渡り、地方分権の受け皿として確たる地位を築くことができるのだ。だが、この大合併構想も可児市や瑞浪市などの反対で、具体化する前に雲散霧消。この枠組みの中では、最も大きい多治見市に主導権を握られることを、他の市町が嫌ったのではないかとみられる。

2002年になると、可児市と可児郡2町（御嵩、兼山）による合併が急浮上し、御嵩町と兼山町は可児市に合併協議会の設置を申し込んだ。これに対し、可児市は消極的ながらも両町の申し出を承諾し、3市町による任意合併協議会が設立された。

新市の名称は可児市、新市役所は現在の可児市役所に置くことで両町とも異論はなかったが、合併方式をめぐる問題で亀裂が生じた。可児市は編入合併を主張したが、御嵩町はこれに反発。というのも、御嵩町には亜炭の採掘で繁栄していたという歴史がある。地理的位置の優位さから、名古屋のベッドタウンとして発展した人口9万人以上を有するこの地区の中心都市・可児市に対し、御嵩町は時代の波から取り残されてしまい、人口は2万人にも満たない。そのため、可児市への編入合併でも止むを得ない状況にあるが、かつてはこの地域の中心地として栄えていたという御嵩町のプライドがある。可児市の要求を無条件で呑むわけにはいかなかったのである。だが、御嵩町の逼迫《ひっぱく》している財政の状態を直視しないわけにはいかなかった。

翌年には、やむなく御嵩町も可児市への編入合併に合意。3市町による法定合併協議会が設立され、可児市の主導で合併協議が進められていくことになった。御嵩町も兼山町も、協議項目の多くで可児市に譲歩せざるを得なかったが、御嵩町は町有林や工業団地の取り扱い、水道事業、産業廃棄物、リサイクルなど環境施設の問題などでは一歩も譲れないとして可児市と激しく対立した。しかし、強気の可児市に妥協する気配はなく、結局、合併協議は物別れに終わった。もともと可児市はこの合併に余り乗り気ではなく、国の合併政策に協力しないわけにもいかないだろうという位の受け止め方でしかなかった。

可児市は御嵩町と兼山町が全面的に譲歩しなければ、これ以上合併協議を続けていく意思のないことを通告。それに対し、御嵩町は最後まで妥協しなかったため、合併協議会は解散に追い込まれた。御嵩町は前途多難ながらも、自立の道を選択せざるを得なくなったのである。

だが、兼山町は人口2000人にも満たない、吹けば飛んでしまうような小さな町である。

自立することは財政的に困難だとして、同年5月、再び可児市に合併協議を申し込み、

図15　平成の大合併で生まれた日本一小さい飛び地

2005年5月、可児市の主張を全面的に受け入れる形で合併が成立した。しかし、御嵩町が離脱しており、兼山町は可児市の飛び地になってしまった（図15）。面積わずか2・6㎢、平成の大合併で生じたものとしては日本一小さな飛び地である。

13 大合併構想が実現せずとも、50年ぶりに解消した弘前市の飛び地

津軽の名峰岩木山の南側に、かつて弘前市の大きな飛び地が存在していた。飛び地が発生したのは1950（昭和30）年で、当時の面積は15・9㎢、人口4400人余り。平成に入ってから生まれた飛び地を除けば、全国でも有数の大きさであった。その飛び地が平成の大合併で解消した。

弘前市は津軽氏10万石の城下町として栄えた歴史の古い町で、市になったのも青森県下で最も早い。当時は北東北最大の都市だった。その弘前市で昭和の中頃、中津軽郡全体を市域とする大合併構想が持ち上がった。だが、西に隣接する岩木村（現岩木町）や相馬村などがこの枠組みから離脱したため、東目屋《ひがしめや》村が飛び地になってしまった。弘前市の飛び地になった東目屋地区は、長い間不便を強いられてきたが、それから半世紀、当時のわだかまりも消

えたのか、2006(平成18)年2月、両町村と弘前市が合併し、東目屋地区の飛び地は晴れて弘前市の本体と地続きなった。

こうして弘前市は合併したが、実は、平成の大合併でこれをしのぐ大合併構想が浮上していた。弘前市や黒石市など14市町村が合併して、青森県初の中核市を目指そうというものである。ところが、青森市に隣接している浪岡町《なみおかまち》が、住民アンケートで弘前市より青森市との合併を望む意見が多数を占めたとして、この協議会から離脱を表明。板柳町《いたやなぎまち》も弘前市などとの広域合併を敬遠したため、波岡町と板柳町を除いた11市町村で合併協議を進めていくことになったが、議員の任期と定数をめぐる問題で、合併協議は暗礁に乗り上げた。

市町村議は、しばしば住民の利益より己の利益を優先する。合併すると議員の職を失いかねないため、合併に反対する議員も少なくない。弘前市を除く11市町村は、合併特例法による議員の在任特例の適用を求めた。しかし弘前市は財政の厳しいときだけに、在任特例は認めるべきではないと反論。両者は真っ向から対立した。

在任特例とは、合併後も旧議員の任期を2年間延長できるというものである。旧市町村の議員がそのまま新市の議員になるわけだから、弘前市の場合は市議会議員の数が201名という膨大な数になる。議員の報酬も莫大な金額になり、市の財政を圧迫する。これはまさしく、合併の最大の目的である「行財政の効率化」に逆行するもので、市町村議自身の利益以外の何物でもない。市民から不満が噴出することは目に見えている。そういうこともあって、弘前市は在任特例の適用に反対し、議員数は法定上限の46名にすべきであると主張。弘前市と他の11市町村との主張は平行線をたどり、結局合併協議会は解散に追い込まれた。

弘前市は翌月になって中津軽郡3町村（岩木町、相馬村、西目屋村）による合併を提案した。だが、西目屋村がこれを拒否したため、弘前市、岩木町、相馬村の3市町村で法定合併協議会を設立し、議員の在任特例の問題などで双方が歩み寄って、２００６年2月の合併にこぎつけた。大合併構想こそ実現しなかったものの、かねてから懸案になっていた東目屋地区の飛び地は、50年ぶりに解消したのである。

⑭「東部」から「西部」へ鞍替えしたため飛び地が発生

徳島県の三好《みよし》郡ほど、合併の枠組みを巡って紛糾した地域も少ないだろう。三好郡は徳島県の西部を占める山間地域で、吉野川上流に発達した大歩危《おおぼけ》・小歩危《こぼけ》、祖谷渓《いやだに》などの景勝地があることで知られている。２００２（平成14）年、まず三好郡内にある8町村による合併問題研究会が設立され、この枠組みでの合併が検討されていくことになった。

三好郡内の8町村を合わせた面積は838・2㎢で、東京23区の1・3倍以上もあるが、人口は5万人をやっと超える程度の超過疎地。少子高齢化が急速に進んでいる財政の乏しい地域だけに、合併は切実な問題である。しかし、東部4町（三好町、三野町《みのちょう》、三加茂町《みかもちょう》、井川町）は4町での合併を、西部4町村（池田町、山城町、西祖谷山村《にしいややまそん》、東祖谷山村）は三好郡8町村による広域合併を目指すというように、両地域の主張は真っ向から対立していた。

図16　三好市の合併によって発生した飛び地

その中にあって、東部グループに属している井川町は、「8町村による広域合併」と「東部4町による合併」の間を揺れ動き、西部グループの西祖谷山村では自立の道を模索する動きもあるなど、合併の枠組みは流動的な面も秘めていた。紆余曲折があったものの、三好、三野、三加茂、井川の東部4町は、2003年3月に法定合併協議会を設立した。東部4町が広域合併に否定的だったのは、三好郡の中で最も人口の多い池田町に、行政の主導権を握られることを懸念したからである。そのため、西部4町村の枠組みで合併を協議していかざるを得なかった。

西部グループの町村の中でも、池田町へ行政の機能が集中することを警戒して、池田町との合併を疑問視する動きもあったが、一方では東部4町の枠組みを切り崩して、西部グループに誘い込み、人口3万人以上を確保して市への昇格を目指そうという意見もあった。だが、全国的に進んでいる合併の流れに乗り遅れまいと、2004年3月、やむなく西部4町村による法定合併協議会を設立。4町村の合併では人口が3万人に届かないため、市への昇格は断念せざるを得なかった。

そんなところへ幸運が転がり込んできた。突如として東部グループに亀裂が走ったのだ。東部4町間の財政格差が大きいこと、公共水道事業への取り組みで各町にズレが生じていること、などを理由に4町の中では最も財政状況がよい井川町が、東部4町村の枠組みからの離脱を表明。三野町も市への昇格を目指すべきだとの意見に傾き、東部グループから離脱し、井川町と三野町は西部4町村の法定合併協議会に鞍替えした。

両町が加わったことにより人口は3万人を上回る。市名をめぐって激しく対立する場面もあったが、合併協議は着々と進み、2006年3月、「三好市」が誕生したのである。三好町と三加茂町は最後まで池田町などの枠組みには加わらず、2町だけで合併して「東みよし町」となったため、旧三野町が三好市の飛び地になってしまった（図16）。だが、いずれ三好市と東みよし町が合併して、飛び地が解消されることを住民は期待しているに違いない。

⑮ 昭和の大合併で生まれた飛び地が、平成の大合併で解消された

当初の計画通りに合併が進まず、結果的に飛び地が発生してしまったというのは平成の大合併の特徴だったが、実はそれより半世紀前に行われた昭和の大合併でも、同じような事情で飛び地が発生したところもある。ただし、平成の大合併で生まれたような巨大な飛び地はさすがになかった。

松阪牛で有名な三重県松阪市に隣接する三雲町《みくもちょう》（現・松阪市）にも、昭和の大合併で発生した飛び地が存在していた。面積は5・8㎢（千代田区の約2分の1）、当時としては比較的大きな飛び地である。三雲町の面積が18・9㎢だから、飛び地が町全体の約30％を占めていた。

三雲町（当時は三雲村）は1955（昭和30）年、天白《てんぱく》、鵲《かささぎ》、小野江、米ノ庄《よねのしょう》の4村が合併して誕生した町だが、県が策定した枠組みは以上の4村のほかに、香良洲《からす》、松ヶ崎の2村を加えた6村による合併案だった。しかし各村の利害が対立し、香良洲、松ヶ崎が離脱して4村の合併にとどまった。天白、鵲、小野江の3村は純農村地帯で人情や風俗などが共通し

ていたので団結力も強く、この合併に異存はなかった。だが、一番北にある伊勢湾沿岸の香良洲村は漁業を生業としており、3村とはそりが合わないとしていち早く離脱してしまったのである。

松阪市に隣接する松ヶ崎村と米ノ庄村は、松阪市から熱心に誘われたこともあり、3村と合併するか、それとも松阪市との合併を選択するかで大きく揺れ動いた。そこで天白、鵲、小野江の3村の村長は、松ヶ崎村と米ノ庄村に対し、「農村は農村同士で団結すべきで、自分たちの村を都市発展の踏み台に利用されるな」と必死の説得にあたり、松阪市との合併には応じないよう訴えた。その甲斐《かい》あって、最後まで決めかねていた米ノ庄村の取り込みに成功した。しかし、松ヶ崎村は半農半漁の村で、純農村の3村とは人情や風習も異なるとして離脱し、松阪市との合併に走ったため、米ノ庄地区が飛び地になってしまったのである。もっとも、飛び地とはいっても本体から数百メートルしか離れておらず、行政上の障害はまったくなかったといってよい。

新村名を決めるにあたって、村内住民による公募が行われた。最も応募総数の多かったのは三雲村であった。三雲村の「三」は、米ノ庄と天白地区の生徒が通う三渡《みわたり》中学および村内を流れる三渡川の「三」、三雲の「雲」は小野江、鵲地区の生徒が通う雲南中学および村の北側を流れる雲出川《くもずがわ》の「雲」を取ったものだという。

その後、三雲村は松阪市近郊の農村として人口が増加し、１９８６（昭和61）年には町に昇格して三雲町となる。だが２００５（平成17）年1月に、松阪市と合併して50年の歴史に幕を下した。と同時に飛び地も消滅した。昭和の大合併で発生した飛び地が、50年後の平成の大合併で解消されたのである。50年前に袂《たもと》を分かった旧松ヶ崎村と松阪市だったが、これからは同じ行政組織の下で仲良くやっていこうということになった。

第4章

「大字」は明治の大合併の名残だったとは！

——歴史が紐解く日本の地名

① 全国に25もあった明治村

全国には同じ地名は多いが、同名の自治体となると、そうそうあるものではない。とはいっても、町村レベルだと同字体の自治体が随分ある。平成の大合併前までは、「大和」が全国に12ヵ所もあった。神奈川県の大和《やまと》市をはじめ、大和町《やまとちょう》（岐阜、山口、佐賀）、大和町《やまとまち》（新潟、福岡）、大和町《たいわちょう》（宮城）、大和町《だいわちょう》（広島）、大和村《やまとむら》（茨城、山梨）、大和村《やまとそん》（鹿児島）、大和村《だいわむら》（島根）の12市町村である。しかし、平成の大合併でその多くが姿を消し、神奈川県の大和市と宮城県の大和町、鹿児島県の大和村の3市町村を残すのみとなった。

かつては「大和」よりはるかに多い同一の自治体名があった。しかも、大和のように字体だけではなく、音もまったく同じなのである。年号をそのまま自治体名とした「明治村」が全国に25ヵ所、北海道を除く全域に分布していたのだ（図17）。秋田県雄勝《おがち》郡、山形県東村山郡、福島県伊達郡、栃木県河内郡、群馬県北群馬郡、千葉県市原郡、東京府西多摩郡、神奈川県高座郡、新潟県佐渡郡および中頸城《なかくびき》郡、愛知県碧海《へきかい》郡および中島郡、奈良県添上《そえかみ》郡および生駒《いこま》郡、鳥取県気高《けたか》郡および八頭《やず》郡、島根県邇摩《にま》郡、岡山県後月《しつき》郡、愛媛県北宇和郡、高知県香美郡《かみ》および吾川郡《あがわ》、大分県大分郡、直入郡《なおいり》、南海部郡《みなみあまべ》、宇佐郡の25ヵ所である。このほとんどが1889（明治22）年の市制町村制で誕生している（福島県伊達郡の明治村は昭和5年に成立）。

だが、その土地の歴史を無視して安易につけた地名は、消滅するのも早い。奈良県生駒郡にあった明治村は、誕生してから7年後の1896（明治29）年に平群村《へぐり》に改称し、1971（昭和46）年に平群町に昇格している。生駒郡の明治村は名称変更こそしたものの、どことも合併せずに現存している唯一の明治村だといってもいいだろう。他の24の明治村はすべて隣接する市町村と合併して姿を消している。明治末期までに神奈川県高座郡と新潟県佐渡郡、島根県邇摩郡の明治村が、大正になって千葉県市原郡と東京府西多摩郡、鳥取県八頭郡の明治村が消滅している。残りの18村は、昭和の大合併ですべて姿を消した。

隣接する市町村と合併して消滅する際、複数の市町村に分割されて編入されるというケースもあった。愛知県碧海郡にあった明治村は、1955（昭和30）年に安城《あんじょう》、碧南《へきなん》、西尾の3市に分割して編入されているし、秋田県雄勝郡《おがち》の明治村は、羽後町《うごまち》と雄物川町《おものがわまち》（現・横手市）に分割されている。現在、「明治」と名乗る自治体は存在せず、字名《あざ》にその名残をとどめているに過ぎない。

図17　全国にあった明治村　（ ）内は現市町村名

北海道
明治村（鳥取市）
明治村（鳥取市）
島根県
鳥取県
京都府
明治村（大田市）
明治村（井原市）
岡山県
兵庫県
広島県
福岡県
山口県
大阪府
明治村（宇佐市）
佐賀県
愛媛県
香川県
明治村（大分市）
明治村（松野町）
徳島県
奈良県
高知県
大分県
明治村（竹田市）
長崎県
熊本県
和歌山県
明治村（佐伯市）
明治村（越知町）
鹿児島県
宮崎県
明治村（香美市）
明治村（平群町）
明治村（奈良市）

② 県内に同名の村が5つもあった

明治村に負けず劣らず同名が多い自治体に「東村」があった。ただ、東村の場合は「ヒガシ」と「アズマ」の2通りの読みがある。「ヒガシ村」は山形県東田川《ひがしたがわ》郡および南村山郡、福島県西白河郡、埼玉県北埼玉郡、千葉県長生《ちょうせい》郡および夷隅《いすみ》郡、新潟県南魚沼郡、長野県北佐久郡および上高井郡、岐阜県郡上《ぐじょう》郡、広島県沼隈《ぬまくま》郡および世羅《せら》郡、鳥取県岩美《いわみ》郡、島根県簸川《ひかわ》郡、大分県速見郡の15ヵ所、「アズマ村」は茨城県稲敷《いなしき》郡および新治《にいはり》郡、群馬県の群馬、利根、佐波、勢多《せた》、吾妻の5郡（図18）、沖縄県国頭《くにがみ》郡の8ヵ所、合計23の東村が存在していた。

ただ、同時に23の東村が存在していたわけではなかった。福島県西白河郡と茨城県稲敷郡、長野県北佐久郡の東村は1955（昭和30）年の誕生と比較的新しい。この時すでに大分県速見郡など8ヵ所ほどの東村が消滅していたので、最も多く東村が存在していたのは、大正末期から昭和初期にかけての間で、20村であった。

東村もやはり安易につけられた地名だっただけに、明治村と同様に消滅するのも早かった。

平成の大合併前まで6つの東村が残っていたが、平成の大合併で沖縄県国頭郡を除くすべての東村が消滅している。東村という自治体名は、いうまでもなく方角を示す「東」に由来している。ほとんどの東村が郡の東に位置していた。

東村で特筆すべきは、一つの県に5つもの東村が存在していたということである。群馬県だ。しかも、群馬県にあった東村は5村とも「あずま」と読む（ただし吾妻郡の東村は「あづま」と表記した）。なぜ群馬県にだけ、こうも東村があったのか不思議に思うのではないだろうか。東村が方角に由来した地名というのであれば、「西村」や「北村」、「南村」が一つくらいあってもよさそうなものだが、群馬県でそれらの自治体名が存在したことはない。

図18　群馬県にあった5つの東村

実をいうと、群馬県にあった東村の「東」は、「郡の東」が地名の由来とは限らなかった。古くは畿内からみて東の地域、特に関東地方のことを東国と呼んでいた。その中心として栄えていたのが群馬県である。上野国《こうずけ》（群馬）は畿内、筑紫、出雲などとともに古墳の密集地であることが、東国の中心であったなによりの証拠だといえる。また、上野国は江戸時代までの行政区分であった五畿七道の東山道に属している。したがって、東村という自治体名には東国の「東」、東山道の「東」という意味も含まれているものとみられている。群馬県の人は、「東」という文字に格別の思い入れと親しみを持っていたのだろう。ところで、群馬県にあった5つの東村のうち、群馬郡の東村は昭和29年に、利根郡の東村は昭和31年に消滅し、残りの3村は平成の大合併で姿を消した。

なお、茨城県稲敷郡の東村は1955（昭和30）年に誕生し、1996（平成8）年に町に昇格している。だが、平成の大合併でやはり消滅している。また、鹿児島県出水《いずみ》郡の東《あずま》町《ちょう》は、昭和29年に東長島村が町に昇格する際に東町と改称したものだ。現在、「東」を名乗っている自治体は沖縄県国頭郡の東村《あずまそん》一つだけ。ただし、行政区としては札幌、新潟、浜松、名古屋、堺、岡山、広島、福岡の8都市に「東区」がある。

3 日本の地名、「前」があれば「後」もあるのか

日本の地名は対になっているものが少なくない。関東と関西、北日本と南日本、表富士と

裏富士、右京区と左京区、大歩危と小歩危、男体山《なんたいさん》と女体山《にょたいさん》、内房と外房など、対になっている地名はそれこそ無限にある。しかし、必ず対になっているとは限らないところが日本の地名の面白さなのかもしれない。

「前」に対する「後」の文字がつく対地名も、全国には数多くある。よく知られているのが旧国名だ。これは、都が置かれていた畿内からの位置関係によって生まれた地名である。たとえば、「越国《こしのくに》」と呼ばれていた地域が前・中・後に3分割され、畿内からみて一番手前にある地域が「越前」、一番後方に位置している地域が「越後」、その中間を「越中」という。これと同じように、「吉備国《きびのくに》」が備前・備中・備後に、「筑紫国《つくしのくに》」が筑前と筑後、「肥国《ひのくに》」は肥前と肥後、「豊国《とよのくに》」は豊前と豊後というように、2分割あるいは3分割された。ところが、東北地方の太平洋側を占める陸奥国では、陸前に対する陸後という地名は生まれなかった。陸奥は「道の奥」、すなわち本州の最北部を意味することから生まれた旧国名なので、3分割されても陸前、陸中、陸奥と命名され、「陸奥」という伝統地名を継承したといえる。

京都府の北部を占める「丹後《たんご》」に対して、「丹前」という旧国名も存在しない。本来であれば「丹波」が丹前に該当するのだが、これは丹波が分割されたわけではなく、丹波国から丹後が分離独立したものだから、丹波は丹前にはならなかったものとみられる。なお、綿の入った広袖の衣服で、浴衣としてよく使われる「丹前」は、江戸時代に神田の「堀丹後守の屋敷前にあった風呂」を、略して「丹前風呂」と呼び、そこに通った伊達男たちが身につけた風流な服装を丹前と呼んだことから生まれた名称で、旧国名とは関係ない。

山陰の日本海上に浮かんでいる隠岐諸島は、本土に近い西ノ島、中ノ島、知夫里島《ちぶりじま》を中心とする島しょ群を「島前《どうぜん》」と呼び、本土からやや遠い円形の大きな島を「島後《どうご》」という。四国の松山に、道後温泉という有名な温泉があるが、愛媛県には「道後」に対する「道前」という地名もある。県庁所在地の松山市を中心とする高縄《たかなわ》半島の西側の地域は古くから道後と呼ばれており、畿内に近い高縄半島東側の今治市から西条市にかけての地域は道前と呼ばれていた。このように、前と後が対地名になっているケースが多いが、「前」があれば必ず「後」があるわけでもない。飛騨山脈北部の立山《たてやま》連峰の背後に連なる山脈を「後立山連峰」というが、それに対する前立山連峰という呼称はない。

また、日光の中禅寺湖の南東部の一帯を「前日光」というが、それに対になっている地名は後日光ではなく「裏日光」である。また、日光に「前白根山」はあっても後白根山は存在しないし、瀬戸内海や沖縄、三河湾などに、「前島」という名前の島はあっても「後島」は見当たらない。「前」と「後」は、むしろ、対になっていない場合のほうが多いのである。

④ 堺市の住所はなぜ「〇〇3丁目」ではなく「〇〇3丁」なのか

1962（昭和37）年に施行された「住居表示に関する法律（住居表示法）」によって、町名の再編が大々的に行われた。まず東京や大阪などの大都会から実施され、次第に地方都市へと波及していった。現在も町名の編成作業は続いている。

そもそも住居表示法は、街区の住居表示を分かりやすくし、行政の効率化を図ることに目的があった。「〇〇町大字〇〇字〇〇」とか、「〇〇町３２４６番地」などというような複雑な住居表示を、「〇〇3丁目26番5号（〇〇3－26－5）」というように簡略化したのである。たとえば広大な面積を有する東京の銀座は、１丁目～8丁目に区分され、住所から場所の特定が容易にできるように改められた。

これからも分かるように、「丁目」は一つの町を細分化して、住居表示をより分かりやすくするための符号だとみることができる。街区と街区の分け目を意味していることから、「〇〇丁目」というように、必ず「目」の文字を使用している。ところが、大阪府堺市の住所は、「材木町東2丁」とか「神明町西3丁」というように、「〇〇丁目」ではなく、「〇〇丁」なのである。なぜ堺市の住所には「目」の文字がついていないのか。

かつて、城下町では武士の住む町は「チョウ」と呼び「丁」の字を、町人の住む町は「マチ」と呼んで「町」の文字を使って区別していた。「丁」は、その名残ではないかとみられている。

堺市は1615（元和元）年の大坂夏の陣で壊滅的な被害をこうむった。そのため、徳川家康は堺の復興に乗り出し、整然とした碁盤目状に区画した街路造りを行った。それが「元和の町割り」と呼ばれるものだ。

1872（明治5）年に町名の改編が行われた際、街区の住居表示をより分かりやすくするために、元和の町割りを基にして「○○町東1丁」とか、「○○町西2丁」などのような町名に改めた。つまり、堺市では住居表示法が施行される90年も前から、街区の町名に「丁」が使われていたのである。

住居表示法で使用されるようになった「丁目」は、一つの町をいくつもの街区に区分するためのもので、本来であれば「○○町3町目」とすべきだろうが、紛らわしさを避けるため、城下町で使われていた「丁」を拝借して、「○○町3丁目」という風にしたのだろうと考えられる。だが、堺市の「丁」は一つの町を区割りするためのものではなく、「町」と同じ意味を持った一つの地名として使用されていたのである。したがって、住居表示法が導入されても、堺市では「丁」をそのまま使用したものと思われる。

堺市の「丁」は旧市街地だけのものであったが、その後に編入された周辺の町村の住居表示でも、旧市街地に歩調を合わせ「丁」で統一している。ただし、平成の大合併で編入した美原町（現・美原区）は、旧地名をそのまま存続させるという取り決めがなされていたため、美原区だけは「丁目」が使用されている。

なお、堺市では昭和の初めの市議会で、全国の都市に倣《なら》って「丁」を「丁目」に改めることが議論されたこともあるが、伝統を守って「丁」を存続させた。「丁」のつく地名は、一番丁、真砂丁、東六番丁、名掛丁など、和歌山市および仙台市でも見ることができる。

5 住所の原点、「大字・小字」はいつ生まれたか

最近は都市部で大字《おおあざ》・小字の地名を見ることは少なくなったが、かつては大都市でも、郊外に出れば大字・小字の地名が至る所にあった。では、住所の一部として大きな役割を果たしてきた大字・小字はいつ頃生まれたものだろうか。

「字」の歴史は古い。豊臣秀吉の太閤検地を契機に村制度が確立され、その際に年貢の徴収

単位として「字」が使われるようになったといわれる。しかし「大字」は、この時点では存在していなかった。大字が生まれたのは、それから何百年も経った明治に入ってからのことである。

明治政府は1878（明治11）年、それまでの大区小区制を廃止して郡区町村編成法を公布。府県の下に郡と区（現在の市）を置き、さらにその下に町村を置いた。これが地方自治体の基礎となるもので、町村数は7万以上にも上った。1889（明治22）年には市制町村制が施行され、政府主導のもとに大規模な町村合併が進められた。これが俗にいう「明治の大合併」で、前年の明治21年に7万1314あった市町村が、1万5859にまで激減した。1年間で一挙に5万5000余りの町村が消滅したことになる。

合併により消滅した町村名は、各地域の地区名として残ることになった。これが「大字」である。要するに大字は、市制町村制が施行される以前の旧町村名だといえる。そして、旧町村の中にあった村落共同体としての字を、大字と区別するため「小字」と呼ぶようになったのだ。たとえば「大字八幡小字宮前」というようにしたのだが、実際には「小」の字を省いて「大字八幡字宮前」というように表記することが多かった。

大字・小字はどの市町村にもあったわけではなく、明治以降、合併せずに単独で市町村制を敷いた自治体、すなわち当時から市街地を形成していた都市では、初めから大字・小字は存在しなかった。最近は大字・小字を表記しない自治体も増えている。大字を「町」に置き換えて、「○○市八幡町宮前」としたり、あるいは「○○市八幡宮前」というように大字・小字を省いて表記したりしている。

また、1962(昭和37)年に施行された「住居表示に関する法律」によって、都市部では大字・小字が壊滅状態になったといってもよい。筆者が以前住んでいた住居表示は「名古屋市守山区大字小幡字小六」だったが、住居表示法によって「名古屋市守山区小六町」に変更されている。大字の「小幡」はどこへ行ってしまったのだろうかと思って確認してみたら、「小幡」「小幡中」「小幡南」「小幡北」「小幡常燈」「小幡千代田」「小幡宮ノ腰」「小幡太田」などというように、細分化されて存在していた(図19)。

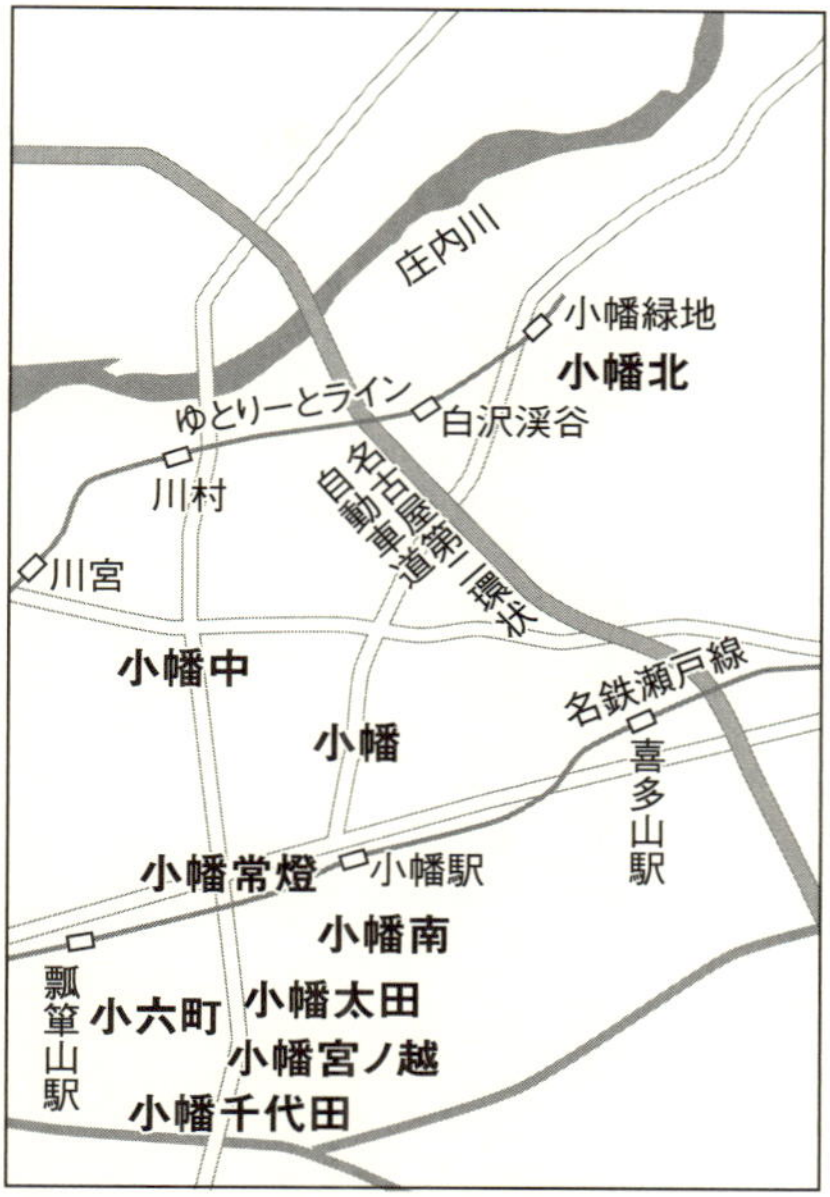

図19　大字消滅によって地名が細分化されている

大字・小字には田舎のイメージがあるとして、それを嫌う住民が少なくないようだ。また、住居表示を簡略化する意味もあって、大字・小字がどんどん減っていく傾向にある。やがて日本の住所から、大字・小字がすっかり姿を消してしまうのだろうか。村落共同体を表わす区画単位として、「字」は長い歴史を持っているだけに、住所表記から影を潜めてしまうのはさびしい限りである。

6 地名は歴史を物語る。「次年子」という地名の由来

〝名は体を表わす〟とでもいうか、地名にはその土地の歴史や文化が秘められていることが少なくない。それだけに、伝統的な地名は大切に保存していかなければならない。山形県の中東部、最上川《もがみがわ》の中流域に大石田町《おおいしだまち》という小さな町がある。山形新幹線の停車駅になっており、かつては最上川の舟運による物資の集散地として栄えた。江戸時代の俳人松尾芭蕉は、最上川を下ってこの地にも足を踏み入れている。大石田町は今も往時のたたずまいを残す歴史のある町だ。その大石田町の西の外れに、「次年子《じねんご》」という地名がある（図20）。秘境ムード漂う、過疎化が進んでいる山村集落である。

東北は北陸地方とともに日本でも特に雪の多い地域で、なかでも山間にたたずんでいる

「次年子」は、３メートル近くもの積雪がある豪雪地帯だ。近年は積雪で道路が閉ざされてしまうことも少なくなったが、交通が未発達だった頃は積雪で次年子集落が孤立してしまうことは珍しくなかった。そのため、冬に子供が生まれるとすぐに役場へ出生届を出すことができない。雪解けの始まる次の年の春頃まで待たねばならなかったのである。「次の年に生まれた子」、それが「次年子」の地名の由来だという。

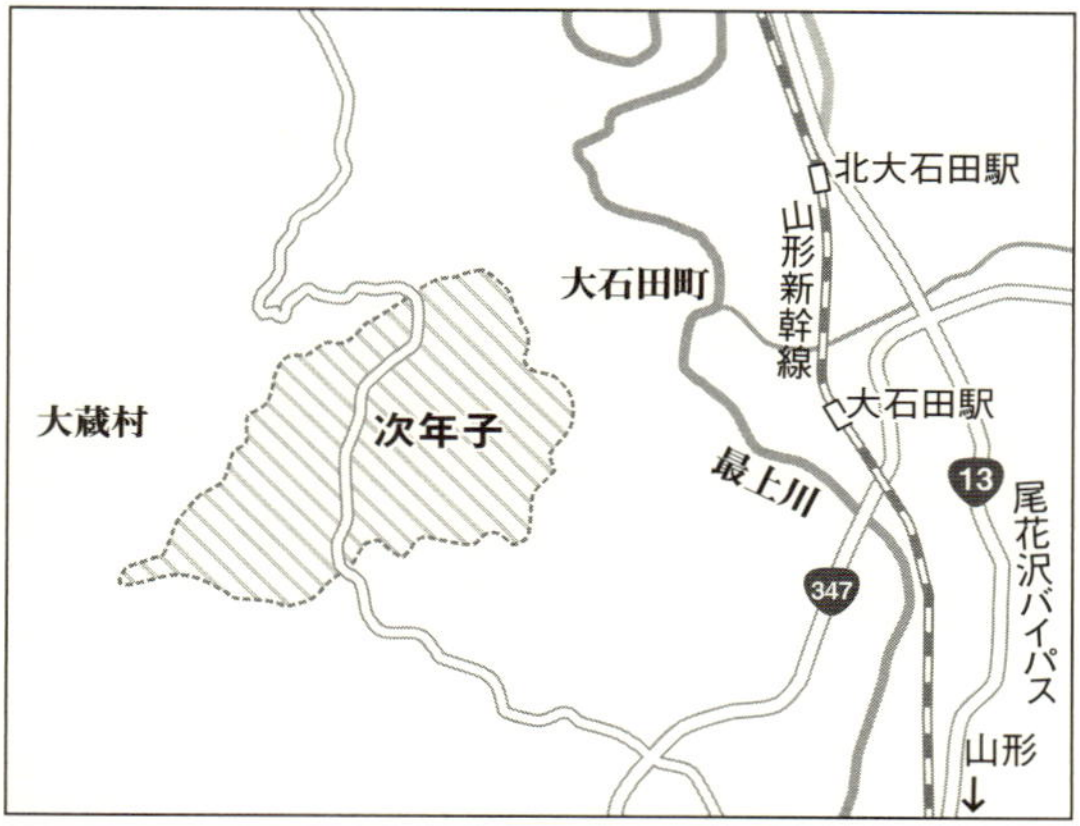

図20　歴史・文化を物語る貴重な地名「次年子」

だが、竹の実、あるいは麦畑に生えている雑草を自然杭《じねんご》ともいい、この地域の山では、竹の実がよく採れたこともあったというから、次年子という地名は案外、竹の実の自然杭からきているのかもしれない。たまたまこの地域が、豪雪地帯で冬になると出生届を出すのが遅れ気味になったため、自然杭を次年子にかけたと考えられなくもない。いずれしろ、この地域がいかに雪深い地域であったかを物語っている貴重な地名だといえる。

尾花沢《おばなざわ》市の西に隣接する大石田町は、サクランボの産地であるとともに、玄《げん》そばの産地としても知られており、「大石田町そばの里」として環境省の「かおり風景100選」にも選定されている。かおり風景100選は、2001(平成13)年、環境省が自然や生活、文化に根ざしている香りの漂う地域を全国から選んだものである。

次年子は山間にある集落のため、寒暖の差が大きい。その気候がそばの栽培に適し、風味豊かなそばが生まれるのだろう。古くから伝わるそばづくりの技術は、この地で育まれ、母から子へと受け継がれてきた。「次年子そば」を求めて、遠く県外からも多くの人が訪れるのは、次年子そばのおいしさはいうまでもないことだが、次年子という不思議な地名が、人々を惹きつけている要因になっているのかもしれない。次年子は全国でもここだけにしかない珍しい地名である。

7 栃木県の旧国名「下野」を「しもつけ」と読むわけ

栃木県の旧国名は下野国。これをどうして「しもつけのくに」と読めようか。なぜなのか、疑問を抱いたことはないだろうか。下野を「げや」とか「げの」、または「しもの」「したや」などと読むのであれば話は分かるが、下野を「しもつけ」とは、どう逆立ちしても読めないだろう。また、隣の群馬県の旧国名の上野国を、「こうずけのくに」と読むのを不思議に思っている人も少なくないはずだ。

第3章2項でも簡単に触れたが、関東地方の北部、すなわち現在の栃木県と群馬県にまたがる一帯は、古墳時代には「毛の国」、あるいは「毛野国《けぬのくに》」と呼ばれ、一つの文化圏を形成していた。なぜ毛野国と呼ばれるようになったのかというと、畑作物のことを「毛」ともいい、毛野国は、この地域で穀物が多く収穫できたことから発生した地名ではないかとみられている。あるいは、毛深い種族が住んでいたから毛野国と呼ばれるようになったのではないかともいわれている。

その毛野国がやがて上と下の2国に分かれ、それぞれ「上毛野国《かみつけの》」と「下毛野国《しもつけの》」という国名になった。2国に分割された時期は定かではないが、6～7世紀頃ではなかったかといわれている。

その後、715（霊亀元）年になって、国から発令された「好字二字令」により、諸国の国名が2字に統一された。そのため、上毛野は真ん中の「毛」の字が省かれて「上野」、下毛野は「下野」というように、2字の表記になった。当初は末尾の野の字を省いて、「上毛」および「下毛」とするつもりだったらしいが、「下毛」だと余計なことを連想してしまい、好字とは言い難いとして「野」に代えて「毛」の文字を省くことになった。だが、「下野」になっても読みはそのまま「しもつけ」とし、上毛も下野に倣って「上野」にしたのだという。

そういう事情であれば、下野を「しもつけ」と読むのも納得ができる。では上野を「こうずけ」と読むのはどうしてか。

江戸時代に吉良義央《きらよしなか》という幕臣がいた。江戸城松の廊下で、赤穂藩主の浅野内匠頭《あさのたくみのかみ》との刃傷事件で知られる人物だ。吉良義央の通称を、幕府の役職名の「上野介《こうずけのすけ》」から取って吉良上野介といっていたことはよく知られているので、上野を「こうずけ」と読むことに特に疑問に感じないかもしれない。だが、どうして上野が「こうずけ」と読めるのか、よく考えてみるとまったく不思議で、理解に苦しむ。

初めは「下野《しもつけ》」に対して「上野《かみつけ》」といっていたようだが、いつからか定かでないが、上野を「こうずけ」と読むようになった。なぜなのか、その理由もはっきりしない。

8 全国の地名が集まっている4つの地域

人の集まるところには、地名も集まってくるといってよいだろう。遠隔地の地名が、ごく限られた地域で多く見られるのは、その地域に全国各地から多くの人々が移住してきた証拠である。いってみれば、日本の権力がそこに集中していたことを物語っている。

奈良は8世紀末に都が京都に移るまでの間、日本の政治文化の中心地だった。藤原京や平城京などの都を建設するには、優れた技術と多くの労働力が必要であったはずである。大和朝廷は各地から人々を徴集し、大寺院の建設や道路の整備などに従事させたものとみられる。大和盆地に旧国名にちなんだ各地の地名が数多くみられるのも、朝廷の支配が全国にまで及んでいたことの現れでもある。橿原《かしはら》市の飛騨町、桜井市の出雲、吉備《きび》、それに天理市にある上総町、丹波市町《たんばいちちょう》、武蔵町、斑鳩町《いかるがちょう》の阿波など、旧国名は20余りにも上るが、かつてはもっと多くの地名があっただろうと推察される。これら旧国名にちなんだ地名は、宮城《きゅうじょう》の建設に携わった人々の居住地を意味していると考えて間違いない。

京都市の伏見《ふしみ》区にも越前町、讃岐町、周防《すおう》町、丹後町、肥後町、伯耆《ほうき》町など、旧国名にちなんだ地名が多くみられる。伏見は豊臣秀吉の城下町。1594（文禄3）年に秀吉は伏見城を築城し、城下に全国の諸大名を住まわせた。伏見は日本の政治の中心地だったのである。旧国名は諸大名の出身地だとみてよい。桃山羽柴長吉中町《ももやまはしばちょうきちなかまち》とか桃山水野左近東町《ももやまみずのさこんひがしまち》、および紺《こん》屋町《やちょう》、魚屋町、瀬戸物町などというように、長々とした人物地名や職業地名が多いのも伏見の地名の特徴である。

日本の首都の東京にも全国の地名が集まっている。江戸時代には徳川幕府が置かれ、それから今日に至るまで400年以上にわたって、東京は日本の権力の中枢、政治の中心地である。したがって東京（江戸）には全国から多くの人々が集まり、それに伴って多くの地名が運ばれてきた。遠隔地の地名が東京に生まれたのは、おもに江戸時代のことだったのだが、1962（昭和37）年に施行された「住居表示に関する法律」によって、その多くが失われた。現在では神田駿河台《するがだい》、神田淡路町《あわじちょう》、信濃町、市谷加賀町、越中島など数えるほどになってしまったが、かつての東京は伝統地名の宝庫といってもよかった。全国一の繁華街である銀座4丁目も、旧地名は尾張町であった。

北海道にも全国各地の地名があるが、ここは奈良や京都、東京などとは性格を異にしている。いうまでもなく、北海道は明治以降に開発された地だ。新政府は旧士族の集団移住を積極的に進め、屯田兵の制度も設けるなどして、北海道の開拓に国の命運をかけた。北海道の各地に本州方面の地名があるのはその名残で、秋田、山形、栃木、岐阜、鳥取、広島、香川などの地名は、入植者たちが居住する地に故郷の地名をつけたものである。

以上、奈良、京都、東京および北海道の4ヵ所が、全国の地名が特に多く見られる地域だといえよう。

9

東京上野の御徒町、なぜ地名の頭に「御」をつける？

山手線の秋葉原駅と上野駅の中間に、「御徒町《おかちまち》」という駅がある。1964（昭和39）年までは、山手線の東側、つまり現在の上野5丁目と6丁目は「御徒町1～3丁目」という地名だった。だが、住居表示法の導入で地名は消滅し、かろうじて駅名だけに「御徒町」が残った。御徒町の「御」は敬称で、本来であれば「徒町《かちまち》」でいいはずである。なのに、ご丁寧にも地名に御の字をつけている。御銀座、御有楽町、御浅草といっているようなもので、考えてみればおかしい。

乗り物を使わずに歩くことを「徒《かち》」といい、「徒士」とも「徒歩」とも書く。江戸時代、騎馬を許されず、歩いて行列の先導役を務めた軽輩な武士のことを徒侍《かちざむらい》といった。まさに徒侍の居住した地が御徒町だったのである。なぜ身分の低い侍に敬称をつけて呼ぶのか不思議に感じるが、〝腐っても鯛〟、身分が低くても武士の端くれだからなのだろうか。

江戸時代は将軍や幕府に関連するすべての事物や、地名にまで「御」をつけて呼び、町人と武士を明確に区別していたという。つまり、「御」の字を使って将軍、幕府に敬意を表していたのである。徳川幕府の置かれている江戸のことを「お江戸」と呼ぶこともあったが、決して「お京都」とか「お奈良」などとはいわなかった。もっとも、「お奈良《なら》」では下品なことを連想して困ってしまうかもしれないが。

敬称をつけた地名は外国には存在せず、日本だけにしかない、それも江戸特有のものであったという。それだけ幕府の権力は絶大で、庶民からみれば畏れ多い存在であったのだろう。また、町民でも幕府へ出入りのあった業者には、御米屋、御魚屋、御染師、御紺屋などというように、「御」をつけて呼ばせていたという。江戸時代の古地図を見ると、江戸城は単に「御城」と書かれており、本丸は御本丸、大手門は大手御門などというように表記されている。

しかし、幕府が崩壊して明治新政府が樹立されると、幕府という過去の遺物を払《ふっ》しょくする意味もあって、地名から「御」の字はことごとく抹消された。そんな中にあって、幸いにも御徒町は残ることができたが、現在では鉄道の駅名にその名残をとどめているにすぎない(山手線の御徒町駅、東京メトロ日比谷線の仲御徒町駅、都営地下鉄の上野御徒町駅および新御徒町駅、つくばエクスプレスの新御徒町駅)。

文京区の「御茶ノ水」も数少ない敬称地名だが、正式な地名は消滅し、中央線の駅名に名残をとどめている。東京湾岸にある「御台場」は通称名で、正式な地名は「台場」である。

敬称地名は江戸だけに限ったものではなく、例は少ないが、他の城下町などにも存在していた。伊達氏の城下町として栄えた愛媛県の宇和島《うわじま》市には、今でも御徒町という地名が残っているし、加賀百万石の金沢市にもかつて御徒町が存在していた。千葉県の御宿《おんじゅく》町や愛知県の御津《みと》町（現豊川市）などは、地名が転訛《てんか》したものだが、静岡県の御殿場《ごてんば》市や御前崎《おまえざき》市は、敬称地名である可能性が高い。

このように、敬称地名は他の地域にも見られるが、徳川幕府のお膝元である江戸ほど、武家地と町人地、武士と町人を区別し、徹底して「御」を使わせたところはなかった。

⑩ 銀座の発祥地は全国に2ヵ所ある

ハイセンスな街並みで有名な東京の銀座には、かつて銀貨の鋳造や銀の地金の売買などを行う幕府の銀座役所が置かれていた。「銀座」という地名も、銀座役所にちなんだものであることはよく知られている。ふつう、発祥地といえば1ヵ所しかないものだが、銀座の発祥地は2ヵ所あるといってもよいだろう。

関ヶ原の戦に勝利して天下を統一した徳川家康は、1601（慶長6）年、京都の伏見に

図21 「銀座」地名がある自治体

北海道
夕張郡長沼町
京都市伏見区
（銀座役所の発祥地）
鳥取県
島根県
京都府
北九州市
戸畑区
岡山県
兵庫県
広島県
山口県
周南市
大阪府
香川県
福岡県
佐賀県
奈良県
愛媛県
徳島県
高知県
大分県
和歌山県
長崎県
熊本県
徳島市
宮崎県
鹿児島県

銀座役所を設置した。これが日本で初めての銀座役所である。それより前から銀は流通していたが、各地でつくる銀貨はそれぞれ品質が異なり、貨幣をめぐるトラブルが絶えなかったため、銀貨を一定の品質に保つ必要があったのだ。1606（慶長11）年には、家康の隠居地の駿府（静岡）にも銀座役所が置かれ、伏見の銀座役所から座人たちが出向いて交代で勤務した。その後、大坂と長崎にも銀座役所が置かれている。

伏見の銀座役所は、1608年に京都の両替町《りょうがえちょう》に移転した。現在の地下鉄御池駅のすぐ西側の辺りである。駿府の銀座も1612（慶長17）年、幕府の御膝元の江戸に移された。それが現在の東京銀座で、銀座役所が置かれてから、その周辺地域は商業地として大きく発展。その後、銀座は日本橋へ移転してしまったが、移転後も寂れるどころか、ますます発展して日本最大の繁華街を形成するまでになったのである。

その繁栄ぶりが全国の都市から注目された。各地で「銀座」という地名がもてはやされるようになり、銀座商店街が出現した。東京銀座にあやかった日本で最初の銀座商店街は、同じ東京の品川区で誕生した。山手線の五反田《ごたんだ》駅から少し南へ行ったところにある戸越《とごし》銀座商店街である。銀座商店街は全国に300ヵ所以上もあり、そのいずれもが、東京銀座のように発展していくことを願って命名されたものだが、現在ではシャッター通りといわれるほどに寂れてしまった銀座商店街も少なくない。銀座商店街はあくまでも通称名で、正式な地名ではない。

だが、「銀座」という正式な地名も、住居表示法で消滅したとはいえ、今でも栃木県鹿沼《かぬま》市や埼玉県熊谷市、長野県飯田市、静岡県熱海市、愛知県半田市、滋賀県彦根市、徳島市、北九州市戸畑区など各地にある（図21）。そこに銀座役所が置かれていたわけではなく、銀座商店街と同じように東京銀座の繁栄にあやかってつけられた地名である。銀座役所の発祥地は京都の伏見だが、全国にある銀座地名と銀座商店街の発祥地は東京の銀座だといえよう。

銀座役所の所在地がそのまま今も地名として残っているのは、東京都中央区の銀座と、京都市伏見区の銀座だけである。伏見の銀座は、東京の銀座とは似ても似つかない静かな町並みだが、この付近で銀貨がつくられていたのかと思うと感慨深いものがある。京阪電鉄本線の伏見桃山駅近くに「此付近伏見銀座跡」の石柱が立っている。

11 なぜ山の中に京都の地名？

地名から伝説が生まれることは決して珍しいことではない。逆に、その地に伝わる伝説から地名が生まれることもある。

長野県の北端に、戸隠山《とがくしやま》という山伏《やまぶし》の修験道場《しゅげんどうじょう》として知られる険しい山がそびえているが、その南麓を流れている犀川《さいがわ》支流の裾花川《すそばながわ》の上流域に、鬼無里村《きなさ》（現・長野市鬼無里地区）という山村がある。何の変哲もない山里だが、この鬼無里村にはさまざまな伝説が残されている。鬼無里という地名は、この地に伝わる伝説から生まれたのか、それとも鬼無里という奇妙な地名から伝説が生まれたのかは定かでない。しかも、鬼無里村には京都にある地名と同じ地名がいくつも存在している。なぜ山深い辺境の地に、京都の地名があるのか不思議である。

こんな伝説がある。平安中期の武将、源経基《つねもと》に寵愛されていた紅葉《もみじ》という女性は、経基を我がものにしようと経基夫人の暗殺を謀ったが未遂に終わり、戸隠山中に配流《はいる》された。京都から遠く離れた山里での生活を余儀なくされた紅葉は、きらびやかな京都での生活を懐かしみ、自分の住居を内裏《だいり》殿と呼んだ。そして、この山里に東京、西京、二条、三条、東山、加茂川などというように、京都になぞらえて地名をつけた。

紅葉も配流された当初は、深く悲しみにふけっていたが、やがて、旅人を襲ったり窃盗を働いたりと、悪事の限りを尽くすようになった。そんな紅葉を村人たちは「鬼女」と呼び、いつ自分たちが襲われるかもしれぬと、身の危険に怯える日々を送っていた。その噂はたちまち京都にも伝わった。朝廷はそれを黙って見過ごすことはできず、平維茂《これもち》に紅葉の討伐を命じた。平維茂は激闘の末、荒倉山で紅葉を討ち取った。それまで水無瀬《みなせ》と称していた山里は平穏を取り戻し、紅葉（鬼女）がいなくなったことから「鬼の無い里」、鬼無里と呼ぶようになったのだという。

一方、紅葉は「鬼女」ではなく「貴女」だったという説もある。京都を追われた紅葉は、村人たちに優れた京文化を伝えたり習い事を教えたり、高貴な女性として村人から尊敬されていたというのだ。

また、戸隠山麓へ都を移す計画があったことから、京都と同じ地名が生まれたのだとする伝承もある。7世紀後半、天武天皇は戸隠山麓へ遷都するという計画を打ち出した。一行を引き連れて山里に乗り込んだ天武天皇は、ここを住処としていた鬼を退治。この山里から鬼がいなくなったことから、「鬼無里」と呼ばれるようになったのだという。天武天皇は裾花川畔の高台に居館を設けた。そして、そこを東京と呼び、裾花川の対岸を西京とした。そして、賀茂神社と春日神社を勧請し、都の造営を始めたというのである。

これらはあくまでもこの地に伝わる伝説に過ぎず、裏付けるような確証はない。このように、不可解な地名からはさまざまな伝説が生まれ、それが脈々と受け継がれて、あたかも史実であるかのように伝えられて、それが地名の由来とされることも少なくない。

⑫ 青森県と岩手県に動物地名がなぜ多いのか

動物を表わす文字を使った地名、いわゆる動物地名（鳥類、魚類を含む）は全国各地にある。都道府県名だけでも群馬、鳥取、熊本、鹿児島の４県ある。市町村名では男鹿（秋田）、熊谷（埼玉）、魚津（富山）、犬山（愛知）、舞鶴《まいづる》（京都）、美馬《みま》（徳島）、対馬（長崎）などその数は多い。大字・小字のレベルにまで下げれば、それこそ数え切れないほどの多さで、動物地名は全国に分布しているといってよい。

しかし、全国に均等に分布しているわけではない。青森県の東南部から岩手県の北部にかけての地域にだけ、なぜか動物地名が異常に多いのだ。まず、岩手県北部の北上高地に発して、八戸市街の北から太平洋に注いでいる馬淵《まべち》川がそもそも動物地名だし、その支流には猿《さる》辺川《べがわ》、小猿辺川、熊原川、白鳥川、猫淵川、龍頭川《りゅうずがわ》、女鹿川などの動物地名がある。これを見ただけでも、よくも同一水系にこれだけの動物地名があるものだと驚く。

そこで、地形図から動物地名を拾い出してみると、あるわあるわ、牛泊、熊ノ沢、鶴児平《つるこたい》、鷹ノ巣、古安鹿《ふるやすか》、鶴喰、鹿内、鶉久保《うずらくぼ》、犬落瀬《いぬとせ》、兎内《うさぎない》、鮫ノ口、鳩岡平《はとおかたい》、蛯川《えびかわ》村、鹿田、鳥沼新田、蛇沼、蛇沢、馬場、雀ヶ平、鳥舌内《ちょうしたない》、鳥谷、鶏島、狐久保、大鳥、鳩田、鴨平、荒猪沢、鵜村《うむら》、狐窪、鴨ヶ池、虎渡、馬場頭、狐森、鶴飼、百鳥、鳩、蛇平、鷹幸、鳥屋部《とやべ》、猪石、馬場屋敷、馬内、猪瀬、鹿倉、蛇口、鶉林、熊沢、牛ノ馬場、野磯鶏、馬飼沢、高鳥谷、兎平、牛間館、牛間木、石亀、馬洗場など、探せばまだまだ出てきそうだ。

動物地名は全国のどこにでもあるとはいえ、これだけ集中している地域はおそらくここだけだろう。なぜこれだけ多くの動物地名が狭い地域に集中しているのか、その理由はよくわかっていない。もっとも、動物地名とはいっても必ずしも動物に由来しているものばかりではなく、転訛した地名もあるものとみられている。

くしくもこの地域は一戸から九戸までの、ナンバー地名が並んでいるところとして知られている。古代、青森県の東南部から岩手県の北部にかけての地域は糠部《ぬかのべ》と呼ばれ、外敵から村を守るために盛んに馬を飼育していた。そこに「四門九戸《しもんくのへ》の制」を敷き、馬の飼育地を東西南北の4つの門と9つの戸（部）に分け、1戸ごとに牧場を置いた。青森県東部の中心都市である八戸市は、8番目の戸が置かれていたことに由来する地名だといわれている。

青森県は数字地名の多い地域としても知られていて、太平洋岸にある一目川から六目川まで並ぶナンバー地名をはじめ、十和田市、三沢市、六ヶ所村などの自治体名、それに山名や大字、小字などにも数字地名は多い。

ナンバー地名と動物地名になんらかの因果関係があるのだろうか。「馬」のつく地名ならわかるが、牛や熊、鶴などの文字を使った地名が馬と関係あるとも思えない。青森県の南東部から岩手県の北部にかけては、地名に関して謎の多い地域である。

13 同じ名前のバス停が一つは福岡県、もう一つは熊本県にある

行政区分上の境界線である県境は、自然の地形によって決められていることが多い。たとえば山間部では、山の稜線《りょうせん》、すなわち降った雨がどちら側に流れるかの境目である分水界が県境になっており、平野部においては、おもに河川が県境の役目を果たしている。もちろん分水界ではないところとか、川の流れていない平地が県境になっているケースも少なくなく、平地ではまれに市街地のど真ん中に県境が走っていることもある。

その代表的な例が、福岡県大牟田《おおむた》市と熊本県荒尾《あらお》市の県境である。大牟田市と荒尾市が県境を挟んで隣接しているというばかりではなく、両市が完全に一体化しているといってもよい。大牟田市と荒尾市の市街地が、県境を無視しているかのように連続しているのだ。どこからどこまでが大牟田市で、荒尾市なのか地元の人にも分からないという有様で、道路上に

設置されている「福岡県」「熊本県」という標識を見て、初めてそこが県境であることに気づくほどである。

大牟田市も荒尾市も、明治初期に三井三池炭鉱が開発されてから急成長した九州屈指の炭鉱都市で、昭和30年代の最盛期には両都市を合わせると30万人近い人口を有していた。しかし、エネルギー革命の到来で炭田の閉山が相次ぎ、かつての活気は今はない。人口も激減し、大牟田と荒尾の両都市を合わせても18万人に満たなくなっているが、炭鉱の閉山後も両市の経済的な結びつきは強く、越県合併を望む住民の声は根強い。

旧炭鉱都市というと、寂れてどことなく暗いイメージを描きがちだが、大牟田市はアメリカのフォーブス誌が発表した「世界で最もきれいな都市トップ25」にランクインしたこともある魅力的な都市だし、荒尾市はウルトラマンランドやグリーンランドのある観光都市に生まれ変わっている。

この荒尾市北端の大牟田市と接している地域に「四ッ山町1丁目～3丁目」という地名があり、両市の中心部を南北に貫いている国道389号には「四ッ山」という西鉄バス大牟田（西日本鉄道の子会社）のバス停がある。四ッ山町は荒尾市にあるから、四ッ山というバス停も荒尾市にあってしかるべきだ。ところが、大牟田市方面へ向かうバス停は確かに荒尾市にあるのだが、逆方向の荒尾市方面行きのバス停は大牟田市にあるのだ。上下両線のバス停は目と鼻の先にあるが、その間に大牟田市と荒尾市の境界、すなわち福岡県と熊本県の県境が通っているのである。

全国には、県境上に建っている旅館や神社があったり、鉄道駅、空港、ショッピングセンター、大学、遊園地などさまざまなものが県境をまたいでいる。しかし、同じ名前のバス停なのに、上りと下りが県境をまたいで立っているという例は、おそらくここだけではないだろうか。それほど珍しいバス停なのである。

第5章

佐渡金山の坑道は総延長約400kmもあった！

——奥深き日本の名所・旧跡

1 日本にはいくつの城下町があったのだろう

領主の居城を中心に形成された都市を城下町というが、城下町が生まれたのは戦国時代の末期だ。戦国大名は砦《とりで》としての性格が強かった山城に見切りをつけ、水陸交通の便がよく、領内の政治、経済の拠点として発展性のある平野部に築城するようになった。それが城下町の始まりだといえる。当初は武士や商工業者、農民などの居住地が混在していたため、まとまりに欠けていた面もあるが、次第に城下町としての形態を整えていった。その基礎を築いたのが織田信長だった。

信長は1576（天正4）年、琵琶湖東岸の湖東平野に安土城を築き、武士を城下に住まわせるとともに、商工業者を強制的に城下に移住させ、楽市楽座を設けて経済活動を活発化させた。信長の後を継いだ豊臣秀吉が、太閤検地を行って農民を土地にしばりつけたことから、都市と農村が明確に区分されるようになり、城下町は著しい発展をみせた。商人や職人を職種ごとに分けて町割りを行ったのは、仕事の能率向上を図るとともに商人や職人の連帯意識を高め、商工業の発達を促す。それが城下町の発展にもつながり、領主の安定的な支配が図れると考えられたからである。

当時、全国には450余りの城下町があったという。その中には宿場町や港町などから、城下町として発展した都市も少なくない。しかし、徳川幕府が1615（慶長20）年に発布した一国一城令により、藩主の居城以外の城が破却されたため、多くの都市が城下町としての機能を失い、寂れていった。

近年になって大都市圏のベッドタウンとして急成長した都市を除けば、主要な都市の多くが城下町を起源としている。47都道府県庁所在地のうちの34都市、全体の4分の3が城下町から発展してきた都市である（図22）。しかも、その多くが県内で最大の城下町だった。そこには、討幕で疲弊した明治新政府にとって、新しく県庁舎を建設することは、財政的に厳しかったという事情がある。大きな城下町には県庁舎に代用できる建造物が存在して都合がよかったのだ。

城下町を起源としていない13都市のなかで、横浜、神戸、長崎、新潟、青森、那覇の6都市は港町を起源としている。京都市と奈良市は宮城の置かれていた地だが、京都には二条城や伏見城があり、ある意味では城下町といえなくもない。長野市は門前町、浦和市（現・さいたま市）は宿場町、千葉市も古くは千葉氏の城下町であったが、近世は宿場町あるいは港町として発展してきた。札幌市と宮崎市だけが新しく建設された都市である。両都市ともそ

図22　城下町から発展した都道府県県庁所在地（34都市）

北海道
札幌
松江
鳥取
京都府
京都
島根県
鳥取県
岡山県
広島県
兵庫県
大阪
山口県
福岡
山口
広島
岡山
神戸
高松
大阪府
奈良
佐賀
福岡県
松山
香川県
奈良県
佐賀県
大分
徳島
和歌山
愛媛県
長崎
熊本
大分県
高知
徳島県
和歌山県
高知県
長崎県
熊本県
宮崎県
鹿児島
宮崎
鹿児島県

の後大きく発展したことを考えると、財政難にあえぐ明治政府が多額の資金を投入してまで新しく都市を建設するという大英断は、あるいは正しかったのかもしれない。

ただ、県庁が置かれている都市はいずれも、交通の要衝という立地に優れた地にあるという点で共通している。

2 天守閣の巨石はどこから運んできたのか

天守閣や堀などに使われている石垣の大きさには、誰もが圧倒されるのではないだろうか。人の背丈ほどもある巨石を、一体どこからどのようにして運んできたのか、疑問に思っている人は少なくないはずだ。文明の発達した現在なら、重機を使えば難なく運搬できるので取り立てて不思議がることでもないのだが、動力が何もなかった時代、巨石をそこまで運んでいくことはさぞ大変だったであろうことが想像できる。テコやロープなどを使って運んだのだろうが、最終的には人力に頼らざるを得ず、危険極まりない作業であったことは間違いない。

大きな城郭ほど、より多くの巨石を必要とする。徳川幕府が置かれていた江戸城では、天守閣や内堀、外堀などに数万個にも上る石垣が使われているという。これらの巨石の運搬役には、加藤清正《かとうきよまさ》や福島正則《ふくしままさのり》、池田輝政《いけだてるまさ》など西国の外様大名が命じられ、各藩の石高に応じて人員が駆り出された。石材はおもに伊豆半島東岸の山々から切り出し、それを石船で江戸まで運んだ。石船が海難事故で沈没したり、運搬中に巨石の下敷きになって人夫が圧死したりと、石材の運搬作業で多くの犠牲者が出たことが記録に残っている。

天下の名城として名高い名古屋城も、徳川家康が加藤清正や福島正則などの西国大名に命じて築城させたものだが、やはり石材の運搬が最大の難問であった。城郭の規模が大きいだけに、膨大な数の巨石が必要である。石材は岐阜方面の山々からも調達したが、おもに三河湾沿岸の蒲郡《がまごおり》あたりの岩場から切り出した石を、石船で運搬したといわれている。それを裏付けるように、最近になって蒲郡や幡豆《はず》の沿岸部から、福島正則や加藤清正、池田輝政らの刻印が入った岩が発見されている。自らが調達した石であることを示すため、目印として彫ったものなのだろう。

豊臣秀吉が天下統一の拠点として、石山本願寺跡に築城した大坂城も、全長12km以上にもおよぶ堀を張り巡らせた豪壮な城郭で、ここでも秀吉が諸大名に命じて、膨大な数の巨石を運搬させている。大坂は江戸と違って平野が狭く、山が比較的近くに迫っているので、石材を生駒山や金剛山、葛城山《かつらぎ》などからも切り出しているが、陸路が未発達だった当時はやはり海路を使ったほうが能率的だったので、おもに瀬戸内海に浮かぶ小豆島や四国の沿岸部の山で採掘した石材を、船舶で大阪まで輸送した。

このように、どの城郭の築城工事でも多くの労働力を必要とし、最も危険な作業が石材の運搬だったといえそうだ。各地にある城郭を見学していると、天守閣などの石垣に掘られた大名の刻印を発見することがある。石材の運搬にいかに多くの大名が駆り出されたか、いかに大変な作業であったかがしのばれる。

3 日光東照宮に祀られているのは家康とだれ？

日光は古くから山岳信仰の聖地として知られているが、日光の名をこれほどまで高めたのは、徳川家康を祀《まつ》っている日光東照宮の存在が大きい。日光東照宮は陽明門に代表される、おびただしいばかりの彫刻が施された極彩色の建物に特徴がある。その建造物群は見応えがあり、日光国立公園の観光の中心になっている。1999（平成11）年には世界遺産に登録された。

家康は1616（元和2）年、駿府城（静岡市）で75歳の生涯を終えた。遺骸は久能山《くのうざん》に葬られ、家康の遺言によって翌年日光に移された。久能山を出発した家康の柩《ひつぎ》は、徳川の重臣が乗る300頭余りの騎馬と、千人余の雑兵《ぞうひょう》を伴った行列とともに日光へ向かい、当地では諸大名が参列して盛大な儀式が行われた。東照宮で毎年催される春季例大祭の千人武者行列は、家康の柩を久能山から日光へ移した時の様子を再現したものである。

日光東照宮

日光に造営された社殿は質素なもので、当時は東照社といっていた。現在ある豪華絢爛《けんらん》な社殿は3代将軍家光が、尊敬する祖父家康のために巨費を投じて建設したもので、1636(寛永13)年にほぼ完成した。これが「寛永の大造替」といわれる、徳川幕府が威信をかけて取り組んだ世紀の大事業であった。1645(正保2)年には後水尾《ごみずのお》天皇から「東照大権現」の神号を賜り、社名も東照宮に改められた。日光東照宮は全国にある東照宮の総本社で、徳川幕府の権威の象徴にもなった。

日光東照宮の祭神はもちろん徳川家康だが、源頼朝と豊臣秀吉も祭神として合祀《ごうし》されているということは案外知られていない。なぜ頼朝と秀吉も東照宮に祀られているのか。日光はもともと源氏に厚く信仰されていた地で、頼朝は鎌倉幕府初代の将軍であるとともに、武士で初めて征夷大将軍になった人物でもある。その頼朝に家康は畏敬の念を抱いていたので、頼朝が祭神として合祀されているのもうなずける。

では、なぜ敵対していた秀吉までもが祭神として祀られることになったのか。大坂の陣で、豊臣氏は徳川家康に滅ぼされている。だから徳川幕府は豊臣氏の祟りを恐れて、その霊を鎮めるために秀吉を祭神として祀ったのではないかと考えられなくもない。しかし、秀吉が合祀されたのは明治になってからのことだから、これはどうみても的が外れている。

明治新政府にとって、旧幕臣たち反政府勢力の精神的な支柱になりかねない東照宮は、厄介な存在だったのかもしれない。そこで、秀吉など他の武将を合祀することによって、東照宮は旧幕臣たちだけの神社ではないということを内外に知らしめ、反政府勢力を封じ込めるという政治的な意図があったともとれる。

家康の遺骸を最初に葬った久能山の東照宮にも、家康の左右に信長と秀吉が合祀されているし、滋賀県大津市にある日吉東照宮にも秀吉が合祀されている。

④ 長野の善光寺は何宗の寺？

どの寺院も、いずれかの宗派に属しているものである。京都の清水寺は北法相宗《きたほっそうしゅう》の大本山だし、奈良の東大寺は華厳宗《けごんしゅう》の大本山だ。また、東京にある増上寺は浄土宗の大本山、浅草寺は聖観音宗《せいかんのんしゅう》の総本山である。このように、どの寺院にも宗派がある。では、長野市にある善光寺は何宗の寺院なのだろうか。ふと考え込んでしまうが、答えるにも答えようがない。それというのも、善光寺は特定の宗派に属していないからである。

本尊の一光三尊阿弥陀如来《あみだにょらい》は552（欽明天皇13）年、仏教が日本に伝来した折に朝鮮半島の百済《くだら》の聖明王《しょうめいおう》から贈られたもので、日本最古の仏像だと伝えられている。だが、日本では仏像礼拝の可否について論争が起こり、廃仏派の物部氏《もののべし》と崇仏派の蘇我氏《そがし》が激しく対立。この争いに巻き込まれて、阿弥陀如来像は難波の堀江に捨てられてしまった。602（推古天皇10）年に推古天皇の命で、捨てられた仏像を本田善光が現在の長野県飯田市へ持ち帰り、最初に阿弥陀如来を安置したところが現在の元善光寺だといわれる。それから40年後の642（皇極天皇元）年に長野市へ遷座《せんざ》され、そこに伽藍《がらん》が造営された。それが現在の善光寺で、寺名は本田善光の名を取ってつけられた。

では、なぜ善光寺はこれだけの大寺院でありながら無宗派なのか。その理由として考えられるのは、日本の仏教が各宗派に分立する以前から、すでに民衆の心の拠り所として広く信仰されていたということだろう。平安時代は貴族の間でも盛んに信仰され、鎌倉時代には源頼朝も熱心に信仰した。このように、善光寺信仰は宗派を越えて全国に広まっていったのである。

戦国時代になると、信濃も戦乱の舞台になった。そのため、兵火を避けて本尊などの寺宝が武田信玄によって甲府に移され、そこに堂宇《どうう》が造営された。甲斐善光寺である。飯田市の元善光寺に対して新善光寺ともいわれる。さらに覇権争いが激しくなってくると、本尊は東海や近畿の各地を転々とし、再び信濃に戻ってきたのは1598（慶長3）年になってのことだった。その間、本堂などの伽藍はたびたび焼失したが、その都度再建されてきた。国宝に指定されている桧皮葺《ひわだぶき》の本堂は1707（宝永4）年に再建されたもので、東大寺大仏殿に匹敵する大きな木造の建造物として知られている。本堂の再建後は、幕府からの寄進を受けて次第に諸堂が整っていき、現在のような大寺院を形成するまでになった。

〝牛に引かれて善光寺参り〟といわれるように、古くから庶民の間では、一生に一度は善光寺参りをとの願いが強く、その伝統は今も受け継がれている。三門から仁王門に至る参道には、土産物店や仏具店などが軒を連ね、庶民的なたたずまいをみせている。

善光寺は特定の宗派に属していない寺院ではあるが、天台宗の大勧進と浄土宗の大本願、そして善光寺山内にある39の寺で組織された寺務局によって運営されているので、全くの無宗派だとはいえないのかもしれない。

⑤ 温泉地にある国宝の三重塔は何角形？

三重塔や五重塔などの仏塔は、伽藍の中でも特に優美な建築物として、その寺院のシンボル的な存在である。これらの仏塔が、人気の観光スポットになっていることも少なくない。

全国には国宝に指定されている建造物は２１８件（２０１４年4月1日現在）、そのうち五重塔や三重塔などの仏塔が30件ある。内訳は法隆寺（奈良）、東寺（京都）、瑠璃光寺《るりこうじ》（山口）など五重塔が11件、三重塔は薬師寺東塔、法起寺《ほうきじ》の三重塔、興福寺の三重塔など13件、多宝塔は石山寺や根来寺《ねごろじ》など6件である。

仏塔の中でも異色の存在になっているのが、奈良市にある元興寺《がんこうじ》の五重小塔（高さ５・５ｍ）や海龍王寺《かいりゅうおうじ》の五重小塔（同４ｍ）だ。元興寺の五重小塔は収蔵庫に納められており、海

安楽寺八角三重の塔　Rsa CC BY-SA 3.0

龍王寺の五重小塔は重要文化財指定の西金堂《さいこんどう》というお堂の中に安置されている。重要文化財の建物の中に、国宝の建物が納められているというのだから面白い。屋内にあるにもかかわらず美術工芸品ではなく、建造物に指定されている。

　仏塔は上から見ると、屋根がほぼ正方形をしているのが普通だが、まれにそうではない仏塔もある。四角形ではなく、八角形をした国宝の仏塔があるのだ。

　真田《さなだ》氏の城下町として知られる長野県上田市、その近郊にそびえる夫神岳《おがみだけ》と女神岳の北麓に別所温泉という古湯がある。温泉地でありながら古寺社が多く、そのたたずまいから「信州の鎌倉」と称されている。そのうちの一つの安楽寺は、１２８８（正応元）年に樵谷惟仙《しょうこくいせん》という僧が開山したと伝えられる古刹で、かつては常楽寺、長楽寺とともに3楽寺の一つとして栄えた。室町時代以降に衰退してしまったため、当時の建物は境内裏の山腹に建ってい

国宝指定の五重塔

・羽黒山五重塔（山形県鶴岡市）　・東寺（教王護国寺）五重塔（京都市）　・醍醐寺五重塔（京都市）　・海住山寺五重塔（京都府加茂町）　・興福寺五重塔（奈良市）　・元興寺五重小塔（奈良市）　・海龍王寺五重小塔（奈良市）　・法隆寺五重塔（奈良県斑鳩町）　・室生寺五重塔（奈良県宇陀市）　・明王院五重塔（広島県福山市）　・瑠璃光寺五重塔（山口市）

国宝指定の三重塔

・安楽寺八角三重塔（長野県上田市）　・大法寺三重塔（長野県青木村）　・明通寺三重塔（福井県小浜市）　・西明寺三重塔（滋賀県甲良町）　・常楽寺三重塔（滋賀県湖南市）　・浄瑠璃寺三重塔（京都府木津川市）　・興福寺三重塔（奈良市）　・薬師寺東塔（奈良市）　・当麻寺東塔（奈良県葛城市）　・当麻寺西塔（奈良県葛城市）　・法起寺三重塔（奈良県斑鳩町）　・一乗寺五重塔（兵庫県加西市）　・向上寺五重塔（広島県尾道市）

国宝指定の多宝塔

・石山寺多宝塔（滋賀県大津市）　・慈眼院多宝塔（大阪府泉佐野市）　・金剛三昧院多宝塔（和歌山県高野町）　・根来寺多宝塔（和歌山県岩出市）　・長保寺多宝塔（和歌山県海南市）　・浄土寺多宝塔（広島県尾道市）

る三重塔だけ。だが、その三重塔が日本では極めて珍しい八角形をした仏塔なのである。

　そもそも仏塔は、中国から朝鮮半島を経て日本に伝えられたもので、釈迦《しゃか》の遺骨（舎利《しゃり》）を安置するシンボル的な建造物なのだ。中国などでは八角形の仏塔はさほど珍しいものではないらしい。日本でも、かつては京都や奈良にも存在していたといわれているが、現在は唯一安楽寺の八角三重塔があるのみ。禅宗様式の建築物としては日本最古のもので、大変貴重な文化財なのである。

　塔の高さは18・75mと、日本一高い東寺の五重塔（54・8m）の約3分の1の大きさしかない。ちなみに、国宝指定の五重塔としては、日本一小さい室生寺《むろうじ》の五重塔の高さが16・2mなので、安楽寺の八角三重塔はかろうじてこれを上回っている。ひと目見ると四重搭と錯覚してしまいそうだが、初層部分は裳階《こもし》と呼ばれる屋根の庇《ひさし》なのだという。とにかく一見の価値のある珍しい仏塔である。

6 七福神めぐり、その発祥地とは

人々が心の拠りどころとして、昔から神仏にお祈りするという風習があった。また、人間だれしも幸せになりたい、幸運にあやかりたいという願望を持っており、それは今も変わることがない。七福神めぐりは、そういった日本の土壌が育んできた民間信仰だといえる。七福神を祀る寺社に参拝すれば7つの災難が取り除かれ、7つの幸福がもたらされるという言い伝えがある。特に年の初めに巡拝すると功徳も大きいといわれている。七福神めぐりは全国各地で盛んに行われており、新年の風物詩になっている。東京だけでも、谷中七福神や日本橋七福神など30近くもの七福神めぐりがある。

七福神はインドのヒンドゥー教と中国の道教、日本の土着宗教が融合して生まれたもので、室町時代の末期に京都で始まり、全国に波及していったものとみられている。恵比寿《えびす》、大黒天、毘沙門天《びしゃもんてん》、弁財天、福禄寿《ふくろくじゅ》、寿老人《じゅろうじん》、布袋尊《ほていそん》の7柱の福徳の神を七福神という。恵比寿だけが唯一日本固有の神で、大黒天と毘沙門天、弁財天の3神はインドの神、福禄寿と寿老人、布袋尊は中国の神だ。この国際色豊かな神様は、宝船に乗ってやってきて幸福をもたらしてくれるという大変ありがたい神様なのである。

　恵比寿は商売繁盛や五穀豊穣の神として古くから信仰されており、大黒天は日本の大国主《おおくにぬし》命《みこと》と習合して食物、財福を司る神として信仰される。毘沙門天は、もとはヒンドゥー教の神で財福をもたらす神として信仰されている。弁財天は七福神の中では唯一の女神で、音楽や財福などを司る。福禄寿も寿老人も長寿の神として信仰が厚い。布袋尊は開運良縁の神として信仰されている。

　日本で七福神信仰が最初に生まれたとされる京都には、「都七福神めぐり」「京の七福神めぐり」「京都七福神めぐり」などがある。その中でも最も古い七福神といわれるのが都七福神めぐりで、恵比寿を祀っているのが東山区にある恵比寿神社、大黒天が左京区の妙円寺（松ヶ崎大黒天）、毘沙門天が南区の東寺（教王護国寺）、弁財天が東山区の六波羅蜜寺《ろくはらみつじ》、福禄寿は左京区の赤山禅院、寿老人は中京区の革堂《こうどう》（行願寺《ぎょうがんじ》）、布袋尊は宇治市の万福寺である。寿老人と福禄寿は南極星の化身とされていることから両者は同一の神とみなされ、それに代わって吉祥天《きっしょうてん》や猩猩《しょうじょう》（猿に似た想像上の怪獣）とすることもある。

七福神信仰が生まれた当時からすべての神が揃っていたわけではなく、初めは恵比寿と大黒天の2神だけで、聖数（聖なるものを象徴的に表わすために用いられる数）の7に合わせるため、インドや中国に伝わる民間信仰を組み合わせて7神にしたのではないかとみられている。京都で商工業が発展するに伴い、商売繁盛や開運を願う信仰が芽生え始め、神は少ないより多いほうがよりご利益があるとの考えから、それまでの2神から7神になったのだろうと思われる。

七福神めぐりは江戸時代に入って最も盛んになり、今日まで脈々と受け継がれている。

7 世界に2例しかない日本にある珍しい世界遺産とは

日本では十数年前まで、世界遺産の認知度は極めて低く、「世界遺産って何のこと？」と首を傾ける人が多かった。だが、今では知らないと恥をかきそうである。世界遺産をめぐる旅も人気を集めており、世界には981件もの世界遺産がある（2013年現在）。日本では2014年6月、18件目となる「富岡製糸場と絹産業遺産群」が世界遺産に登録された。日本の世界遺産の中には世界で2例しかないという、珍しく貴重な世界遺産があることをご存じだろうか。２００４（平成16）年、日本で12番目の世界遺産として登録された「紀伊山地の霊場と参詣道」である。では、この世界遺産のどこが珍しいものなのか。

「紀伊山地の霊場と参詣道」は、修験道の聖地である「吉野・大峯《おおみね》」、熊野信仰の中心地の「熊野三山」、真言密教の根本道場である「高野山」の３霊場と、それらを結ぶ熊野古道などの参詣道（巡礼路）から構成されている。この中には、国宝が４棟と重要文化財が23棟も含まれているばかりではなく、国立公園や国定公園に指定されている地域も多い。つまり、自然と文化の両面を兼ね備えた地域なのである。

　だが、文化財的な建造物なら法隆寺や東大寺、清水寺など価値の高い物件はいくらでもあるし、自然景観においても、日本アルプスや十和田湖、摩周湖などのほうがはるかに優れているだろう。それなのに「紀伊山地の霊場と参詣道」が高く評価されたのは、自然林に覆われた豊かな自然と文化財、参詣道などが一体となった「文化的景観」にある。太古の昔から脈々と受け継がれてきた人々の営み、信仰によって形成された文化的景観が、世界的にみてもたぐいまれな文化遺産として認められたのである。すなわち、信仰の道が世界遺産に登録された大きなポイントになっている。

「信仰の道」が世界遺産になったのは、１９９３（平成５）年に登録されたスペインの「サンティアゴ・デ・コンポステーラの巡礼路」と、日本の「紀伊山地の霊場と参詣道」だけである。ただ、フランスの「サンティアゴ・デ・コンポステーラの巡礼路」が1998(平成10)年に、スペインの巡礼路とは別に世界遺産に登録されているので、厳密にいえば世界で3例あるということになるが、いずれにしても世界でも比類ない貴重な文化遺産であることには違いない。

紀伊山地の参詣道は奈良、和歌山、三重の3県にまたがる。熊野参詣道(熊野古道)、高野山町石道《ちょういしみち》、大峯奥駈道《おくがけみち》からなり、総延長は実に308㎞にも及ぶ。参詣道は石畳や石段になっているところもあるが、ほとんどは幅が1メートルそこそこの道である。熊野古道は、かつて「蟻の熊野詣で」といわれたように、アリの行列を思わせるほど多くの人が行き来した参詣道として知られており、大峯奥駈道は自然林が茂る標高千数百メートルの山々を縫うように伸びている。高野山町石道には1町ごとに町卒塔婆《ちょうそとば》が立ち、往時をしのばせている。今なお信仰の道として人々の心の中に息づいている参詣道なのだ。また、那智の滝のように世界で初めて文化遺産として登録された名瀑もある。

8 世界遺産に登録されて失ったものとは

世界遺産条約の正式名称は「世界の文化遺産および自然遺産の保護に関する条約」という。これからも分かるように、世界遺産の本来の目的は、世界的に価値のある優れた自然や文化財などを、人類共通の財産として保護することにある。これらの遺産を世界各国が協力して保存に努め、次の世代に引き継いでいこうというのが、国連のユネスコ総会で採決された世界遺産条約の目的のはずだ。

ところが、世界遺産に登録されたことによって、保護されるどころか、それまでの優れた自然が失われつつあるという皮肉な結果を招いているところもある。現在、わが国には白神《しらかみ》山地、屋久島、知床、小笠原諸島という4件の自然遺産がある（文化遺産は14件、図23）。そのうちの一つの白神山地は、青森と秋田の両県にまたがって広がる世界でも最大規模のブナの原生林で、手つかずの自然が高く評価されて1993（平成5）年、世界遺産に登録された。ほとんど無名に近かった白神山地が、世界遺産に登録された途端に一躍有名な観光地になったのである。

それに伴って観光客が全国から押し寄せるようになり、自然破壊が急速に進んでいるというから深刻だ。世界遺産に登録される前までは、ブナが生い茂る原生林の地面は腐葉土やコケに覆われていた。ところが、観光客らに踏みつけられた落ち葉は粉々になって雨に流され、コケや腐葉土も削り取られてブナの根がむき出しになっている。立ち枯れそうになっている

図23 日本にある18ヶ所の世界遺産

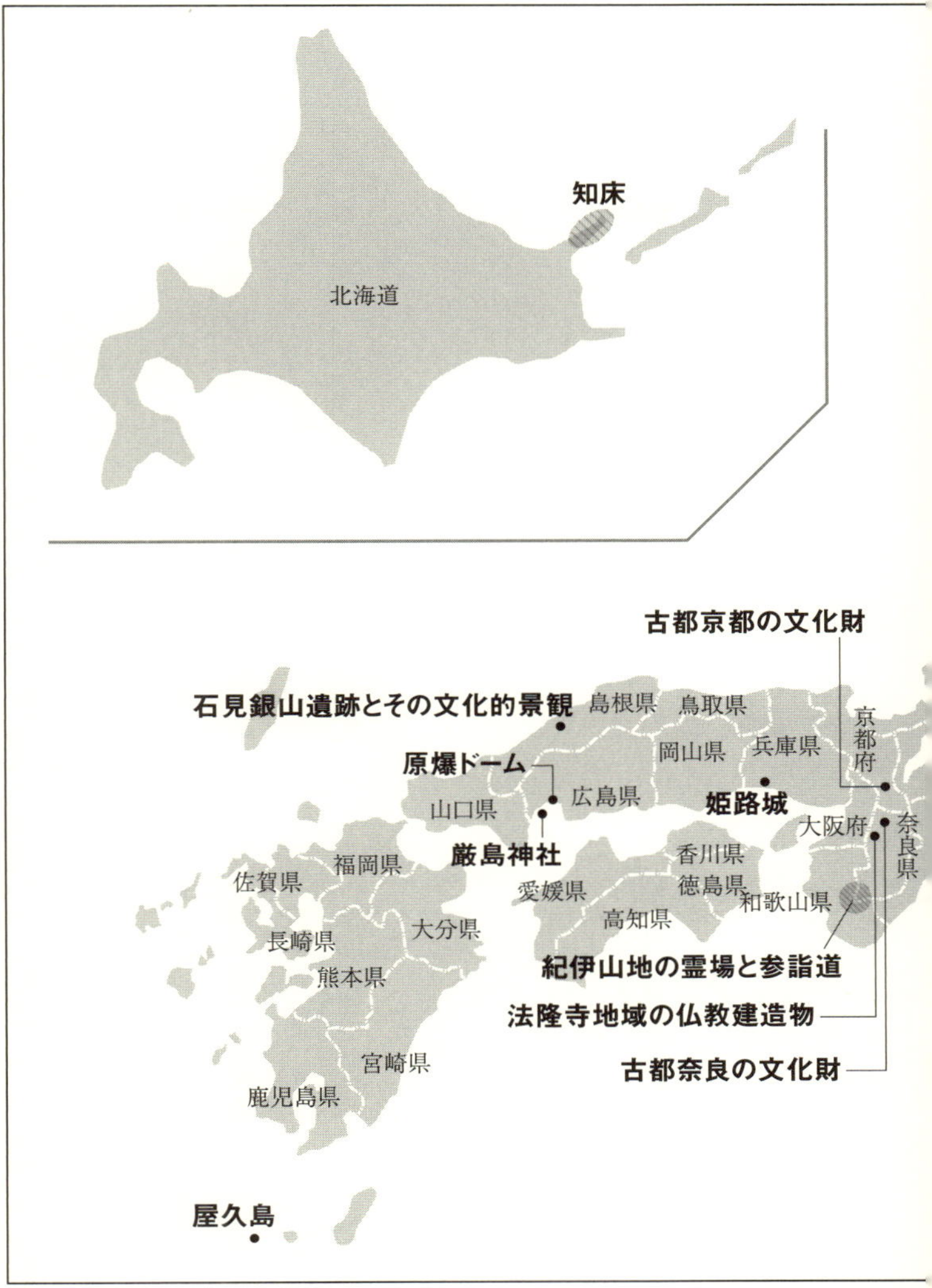
知床
北海道
古都京都の文化財
石見銀山遺跡とその文化的景観
島根県
鳥取県
京都府
岡山県
兵庫県
原爆ドーム
広島県
姫路城
山口県
大阪府
奈良県
厳島神社
香川県
福岡県
佐賀県
愛媛県
徳島県
和歌山県
高知県
大分県
長崎県
紀伊山地の霊場と参詣道
熊本県
法隆寺地域の仏教建造物
宮崎県
古都奈良の文化財
鹿児島県
屋久島

ブナの木も少なくない。自然破壊が進んでいるのは白神山地ばかりではなく、屋久島や知床なども同じ危険性をはらんでいる。屋久島では、観光客の屎尿《しにょう》で生態系が破壊される恐れがあったことから、公衆のトイレをバイオトイレに切り替えたりしたが、根本的な解決策にはなっていないようだ。

世界的にも価値の高い自然遺産を保護するはずのこの制度が、逆に自然や環境を破壊しているとなれば、世界遺産の制度そのものを見直さなければならなくなる。観光客のマナーの悪さもさることながら、観光客を迎える側にも問題があるような気がする。世界遺産の登録地を抱えている地域は、世界遺産の趣旨を果たして充分に理解しているのだろうか。観光一辺倒になっていやしないだろうか。世界遺産の制度は、そこを有名な観光地にするためのものではなく、あくまでも貴重な自然や文化財などを保存し保護することに目的があるはずだ。より多くの人々に、世界遺産に登録された地域の素晴らしさを知ってもらうことは大切なことだが、自然や環境が破壊されることになっては何にもならない。

それにしても、「世界遺産」というブランドの宣伝効果は絶大である。高い広告費を使わなくても、多額の資本を投下しなくとも、世界遺産に登録されたというだけで知名度が格段に高まり、全国から多くの観光客が押し寄せてくる。そのため、登録候補地を有している地域では、世界遺産への登録運動に余念がない。自然や文化財などを保存し、後世に伝えていくために推進運動をしているのではなく、観光客を誘致することが主目的の運動であるというのがなんともさびしい。

9 文化財に関して群馬、徳島、宮崎の3県に共通していることとは

日本にある文化財は有形文化財、無形文化財、民俗文化財、記念物、文化的景観、伝統的建造物群に大別され、これらの文化財はさらに細分化されている。全国にある文化財は国指定のもののほか、県指定の文化財や市町村指定の文化財を含めれば、それこそ無限にあるといってもいい。その文化財に関して、群馬、徳島、宮崎の3県にのみ共通していることがある。

文化財で最も大きな比重を占めているのが有形文化財だ。文化財保護法では有形文化財を「建造物、絵画、彫刻、工芸品、書跡、典籍、古文書その他の有形の文化的所産で、歴史上または芸術上価値の高いもの、および考古資料その他の学術上価値の高い歴史資料をいう」と規定している。また、有形文化財のうち特に重要なものを重要文化財とし、その中でもさらに学術的価値の高いものが国宝に指定される。重要文化財は1万2936件（2014年

都道府県	国宝	重要文化財
北海道	1	50
青森	3	55
岩手	8	77
宮城	6	57
秋田	1	38
山形	6	99
福島	3	96
茨城	2	71
栃木	17	156
群馬	0	56
埼玉	4	80
千葉	4	76
東京	276	2731
神奈川	18	342
新潟	1	82
富山	1	50

都道府県	国宝	重要文化財
石川	2	129
福井	6	107
山梨	5	108
長野	7	185
岐阜	7	152
静岡	13	219
愛知	9	323
三重	4	185
滋賀	55	813
京都	228	2145
大阪	60	664
兵庫	20	464
奈良	198	1311
和歌山	36	385
鳥取	3	55
島根	4	97

都道府県	国宝	重要文化財
岡山	9	167
広島	19	208
山口	9	135
徳島	0	45
香川	6	119
愛媛	12	157
高知	3	89
福岡	12	198
佐賀	1	49
長崎	3	64
熊本	1	64
大分	4	85
宮崎	0	17
鹿児島	1	35
沖縄	1	31
全国	1089	12936

＊重要文化財の件数は国宝を含む　(2014年4月1日・文化庁)

時点）あるが、国宝はそのうちの８・４％を占めているに過ぎない。それでも、全国には１０８９件の国宝がある。１県平均約23・２件の国宝を有している計算になるが、これには地域格差が著しく、京都や東京のように２００件以上の国宝がある自治体があるかと思えば、国宝が１件もない自治体もある。

　群馬、徳島、宮崎の３県に共通していることとは、国宝が１件も存在しない県だということである。国宝の空白県は年々減少しつつある。１９９６（平成８）年の時点で国宝の空白県は、北海道、群馬、新潟、富山、徳島、熊本、宮崎、沖縄の８道県だった。だが、１９９７年に富山県高岡市にある瑞龍寺《ずいりゅうじ》の仏殿、法堂、山門の３棟が国宝に昇格し、１９９９年には新潟県十日町市にある笹山《ささやま》遺跡から出土した深鉢形土器が国宝に指定された。これにより国宝の空白県は6県になった。

2000年代に入ってからも、国宝が存在しない県は減っていった。まず、沖縄県で国宝が誕生した。2006（平成18）年に琉球国王尚家《しょうけ》の関係資料が国宝に格上げされ、2007年には函館市にある著保内野《ちょぼないの》遺跡から出土した土偶が、北海道で初めてとなる国宝に指定された。さらに2008年には、熊本県人吉《ひとよし》市にある青井阿蘇神社の本殿、廊、幣殿、拝殿、楼門が国宝になり、これで国宝の空白県は群馬、徳島、宮崎の3県だけとなった。

しかし、東京国立博物館に所蔵されている埴輪《はにわ》武装男子立像は群馬県太田市で出土したものだというし、東京の五島美術館所蔵の日向国西都原《さいとばる》古墳出土金銅馬具類は、宮崎県西都原市で出土したものだから、実質的に国宝の空白県は、唯一徳島県だけだということになる。かといって、徳島県には重要な文化財がないというわけではないので、いずれは徳島県からも国宝が誕生するものと思われる。

10 古墳の北限地と南限地

古墳は3世紀後半から7世紀にかけて造られた、貴族や豪族など支配者階級の墳墓をいう。

高く土盛をした中に遺骸が納められているが、遺骸とともに鏡、玉、剣、馬具、武具などの副葬品が納められていることが多く、埴輪が出土することもある。古墳には前方後円墳、円墳、方墳、前方後方墳、双方中円墳、双円墳、双方墳などさまざまなタイプのものがある。文化庁の調べでは、全国に16万基以上もの古墳があるという。

古墳の中で代表的なのが前方後円墳で、北海道と沖縄を除く日本のほぼ全域に分布している。大規模な古墳のほとんどが前方後円墳である。古墳が最も多い地域は畿内だが、筑紫（福岡）、出雲（島根）、吉備（岡山）、日向（宮崎）、上野（群馬）なども古墳の密集地として知られている。

本州とは異なる文化を持っていた北海道に古墳は存在しないといわれていたが、実は北海道にも古墳があった。ただ、北海道のものは古墳時代のものではなく、8世紀から13世紀にかけて、北海道と東北の北端地域で見られた擦《さつ》文《もん》文化の時代に造られたものだとみられている。一般的には、古墳時代につくられた墳墓を古墳といい、それ以前の弥生時代や、奈良時代以降に造られた墳墓は墳丘墓といって、古墳と区別することが多い。そういった意味からすると、北海道にある墳墓は古墳ではなく、墳丘墓ということになるが、東北地方の北部に分布する古墳と構造が似ているので、一般的には古墳に分類している。当時から、すでに北海道と東北地方の北端部とは、津軽海峡を渡って文化的な交流があったとみられている。

札幌市に隣接する江別《えべつ》市を流れる旧江別川の河岸段丘で、昭和の初めに小学校教師によって古墳が発見された。江別古墳群だ。これが日本最北の古墳だといわれ、直径3~10mの円墳など20数基が確認されている。だが、前方後円墳は北海道には存在せず、青森県にもない。岩手県南部の胆沢町《いさわちょう》（現・奥州市）にある角塚《かくづか》古墳が、日本最北の前方後円墳だといわれている。墳丘の全長は46m、日本最大の大阪府堺市にある仁徳天皇陵の486mと比べるといかにも小さいが、大和朝廷の支配がこの地域にまで及んでいたことを示す貴重な遺構だとして、国の史跡に指定されている。

最北端にある江別古墳群　Fk CC BY-SA 3.0

一方、古墳の南限は鹿児島県の大隅半島で、九州本土の南に連なる離島に古墳は存在しない。大隅半島東部の志布志《しぶし》湾岸に広がる肝属《きもつき》平野には、唐仁《とうじん》古墳群や塚崎古墳群、岡崎古墳群、上小原古墳群などいくつもの古墳群が分布している。そのうちの一つ、肝属郡高山町（現・肝付町）にある塚崎古墳群が日本最南端の古墳で、前方後円墳が5基と円墳39基が確認されている。塚崎古墳群が造られたのは4世紀から5世紀頃だと推定され、全長70m余りと小さい。だが近くの唐仁古墳群には、九州で3番目に大きいといわれる全長154mの前方後円墳がある。

古墳の大きさは権力の大きさを表わしているともいわれているので、強大な権力を有する支配者が存在していた地域ほど、巨大な古墳が造られたのだろうと思われる。

⑪ 日本最大の森林公園、その驚くべき広さ

森林公園はその名称からも分かるように、自然豊かな森林を生かして造成された都市近郊にある公園の名称として使われている。全国には「森林公園」と名のつく公園が百数十ヵ所あるが、森林公園は埼玉県の中央部にある武蔵丘陵森林公園の略称名としても使われている。武蔵丘陵森林公園は明治百年記念事業の一環として、1974（昭和49）年に開園した比企《ひき》丘陵に広がる国営公園で、森林公園の代名詞になっているだけあって面積は304ヘクタール（3・04㎢）と広大だ。園内には池や庭園、芝生広場、運動施設などが整っており、本格的なサイクリングコースもある。

森林公園の一種に「県民の森」という都市公園もある。県民（都民・道民・府民）の森は、県民が自然豊かな森林と触れ合い、レクリエーションや野外学習などを通じて森林の大切さを理解してもらうとともに、青少年の心身の健全な発達に寄与することを目的に、１９７０年頃から全国各地につくられていった。都市公園の一種だが、森林公園と同じように広大な面積を有しているのが特徴である。

日本最大の面積を誇る森林公園は、武蔵丘陵森林公園とは比較にならないほどの広さで、そのスケールの大きさに度肝を抜かれる。それは、１９８５（昭和60）年の国際森林年を記念じてつくられた北海道道民の森である。札幌近郊の当別町《とうべつちょう》と月形町《つきがたちょう》にまたがって広がる大規模な森林公園で、面積は1万１４００ヘクタール（１１４㎢）というケタ違いの広さだ。これは武蔵丘陵森林公園の約37倍。千代田、中央、港、渋谷、新宿、豊島、文京、台東の８区を合わせた面積よりも広いのである。道民の森は、当別川の水源になっている青山ダムに隣接する一帯の地域で、大自然のすばらしさはさすがに北海道、本州では見られない雄大さである。

園内にはキャンプ場や、パークゴルフ、サイクリングコース、森林学習センター、木工館、陶芸館、ハーブ園、湿性植物園など多彩な施設が整い、野鳥や星空の観察、登山、清流釣りなども楽しめる。バンガロー、宿泊施設も完備している。また、神居尻山《かむいしりやま》の山頂からの眺望は抜群で、四季折々に咲く草花や高山植物もすばらしい。まさに大自然の中の別天地で、大都市札幌の近郊にこれだけ広大な公園があることに驚かされる。

12 平家の落人が隠れ住んだ北限と南限はどこか

平家の落人《おちうど》とは、源平の戦い（1180〜85年）に敗北した平家方の残党をいい、源氏の追手から逃れてきた落人が隠れ住んだ地を「平家谷」、あるいは「平家の隠れ里」などという。平家谷は全国に120ヵ所あるとも150ヵ所あるともいわれているが、その実態は謎に包まれている部分が多い。それがかえって歴史ロマンをかきたて、平家の落人伝説は観光資源にもなっている。

源平の戦いは一ノ谷や屋島、壇ノ浦など、おもに瀬戸内海沿岸を舞台に繰り広げられたことから、平家谷も瀬戸内海から比較的近い四国山脈の一帯や山陰地方、それに落人が海路を使って逃げ延びたであろうと思われる南九州に多く散在している。熊本県の五家荘《ごかのしょう》（八代市）、宮崎県の椎葉村《しいばそん》、徳島県の祖谷《いや》（徳島県三好市）、富山県の五箇山《ごかやま》（南砺市《なんと》）、岐阜県の白川郷（白川村）、群馬県の片品村、福島県の桧枝岐村《ひのえまた》などが平家谷としてよく知られているが、かつては秘境と呼ばれていた地域ばかりである。たとえば四国の祖谷は、屋島の戦いに敗れた平国盛《くにもり》が率いる30数名の残党が、源氏の追手から逃れて隠れ住んだ地だといわれている。

平家谷は外から立ち入ることが困難な、隠れ住むにはうってつけの山奥の僻地や孤島などに多い。他地域と隔絶された地であったため独特の風習が生まれ、それが今日まで脈々と受け継がれている地域もある。端午《たんご》の節句に鯉のぼりを上げない、煙が出る焚火《たきび》をしない、鳴き声がする犬や鶏を飼育しないなど、源氏の追手に嗅ぎつかれないための知恵が風習として残っているのである。平家の落人たちは日々おびえながら、ひっそりと暮らしていたであろうから、このような風習が残ったとしても不思議なことではないだろう。

しかし、史実に基づいている伝承もあれば、後世になって脚色され、あるいは創作されたと思われる信憑性に乏しい伝説も少なくない。したがって、平家谷の北限、南限を特定することは難しい。一般的には東北の宮城県か山形県あたりが平家谷の北限だとされているが、三陸沿岸にも平家の落人伝説が残っている。南限は九州本土から、はるか南の海上に浮かぶ奄美大島や喜界島《きかいじま》などだといわれているが、沖縄の宮古島まで平家の残党が落ち延びたとする説もある。旧平良《ひらら》市（現・宮古島市）の「平」は、平氏の「平」に由来していると主張する人もいる。このような有様なので、平家谷の南限もどこなのかを特定することはきわめて難しい。

⑬ 佐渡金山の坑道、その恐るべき長さ

新潟市の西方40㎞ほどの日本海上に浮かぶ佐渡島は、中世以降遠流《おんる》の地として知られ、順徳天皇や日蓮、世阿弥などが佐渡へ配流されている。江戸時代になると、佐渡は金山で栄えた。古くから砂金は採取されていたが、１６０１（慶長６）年に鶴子《つるし》銀山の山師が、佐渡島の西側にある相川の山中で大露頭鉱《だいろとうこう》の道遊ノ割戸《どうゆうのわれと》を発見し、金山の開発が始まってから様相が一変。相川には各地から鉱山技術者や一攫千金《いっかくせんきん》を夢見た商人、人足たちが集まり、佐渡島はゴールドラッシュに沸いた。人家もまばらな寒村が、突如として人口10万人ともいわれる全国有数の大都市に変貌したのである。

金山には奉行所も置かれ、幕府が金山を直接支配。佐渡金山は幕府の重要な財源になった。江戸時代も半ばを過ぎた頃、金山採掘の労働力不足を補うため、罪人や無宿人が金山へ送り込まれるようになった。坑道は灯油の煤《すす》がくすぶり、金銀の石埃《いしぼこり》が立ち込めるなど環境は劣悪極まりなく、しかも過酷なまでの強制労働を強いられたため、工夫の寿命は３年しかない

とまでいわれるほどであった。

坑道の深さが海面下になると、坑内から湧き出してくる地下水に悩まされた。湧き出てくる水を外へ汲みだす仕事に従事した水替人足の労働はさらに過酷であったといい、「2度と来るまいぞ金山地獄、これば帰るあてもない」という、水替人足たちが歌ったであろうと思われる歌も残っている。

佐渡金山の道遊ノ割戸　Muramasa CC BY-SA 3.0

驚くのは坑道の長さである。鉱脈が掘り尽くされると次第に坑道は深くなる。地下には坑道が迷路のごとく張り巡らされ、総延長は実に400㎞余りにも及んだ。東京から名古屋を通り越し、琵琶湖あたりにまで達する長さである。

1600年代初頭に活況を呈した佐渡金山も、採掘が進むにつれて次第に産出量を減らし、江戸末期には相川の人口も1万人ほどに減少した。やがて金銀は枯渇し、1989（平成元）年には採掘も中止された。現在は金山跡が佐渡島の観光に一役買っており、坑道300mが観光ルートとして公開されている。

1967（昭和42）年に、道遊ノ割戸、宗大夫坑、佐渡奉行所跡などが佐渡金山遺跡群として国の史跡に指定され、2007年には「日本の地質100選」にも選定されている。日本に残る貴重な産業遺構として世界遺産への登録も目指しており、2008年には世界遺産の暫定リストに加えられた。

⑭ アホウドリは本当に阿呆か

絶滅危惧種に指定されているアホウドリだが、かつては伊豆諸島や小笠原諸島、尖閣諸島などに、それこそ無数に生息していた。しかし、1888（明治21）年に八丈島から鳥島に多くの人が移住し、アホウドリの羽毛採取を始めてから様相が一変した。アホウドリの乱獲はすさまじく、50年間に捕獲されたアホウドリの数は、500万羽とも1000万羽ともいわれている。このようにアホウドリが無制限に捕獲されたため、一時は絶滅してしまったものとみられていた。ところが、1951（昭和26）年にアホウドリが鳥島で発見され、1971（昭和46）年には尖閣諸島の南小島でも生息が確認された。その後の保護政策で繁殖数は次第に回復しつつある。

アホウドリは1958（昭和33）年に国の天然記念物に、1962年には特別天然記念物に指定された。また、1960年には国際保護鳥に、1993（平成5）には国内希少動植物種にも指定されている。

それにしても、アホウドリとは随分失礼な名前が付けられたものだ。では、アホウドリは本当に阿呆なのか。不名誉な名前を付けられても仕方のない理由でもあったのか。アホウドリはミズナギドリ目アホウドリ科の海鳥で、翼を開くと2～3mにもなる大きな鳥である。

アホウドリ　JIfutari CC BY-SA 3.0

そのため、助走しなければ飛び立つことができない。体も重いため陸上での動作が鈍い。人間に対して警戒心を持っていないこともあって、容易に捕獲することができた。そんなことから、アホウドリとかバカ鳥というような、現在だと差別用語として問題になりそうな名前がつけられたのだ。
鳥島は火山活動が活発な島で、これまでしばしば噴火の被害に見舞われている。それを承知で多くの人が移住したのは、アホウドリが大集団をなして生息しているので大量に捕獲でき、しかも良質の羽毛を採取できるためだ。短期間で大儲けできるとなれば、危険を顧みずに移住した人がいたとしても不思議なことではない。だが、1905（明治38）年の噴火で島民125名全員が死亡し、鳥島は再び無人島になった。

アホウドリは風を巧みに利用して長距離飛んでいく術を知っており、決してバカでも阿呆でもないのだ。そのため、アホウドリの名を改名すべきだと主張する学者もいる。アホウドリが白い大きな翼を広げて悠々と飛ぶ姿は実に美しい。

第6章

「ゆすり」の語源は「街道」にあり！

——まだまだ知らない日本の文化と歴史

1

日本三大稲荷が発祥地のB級グルメとは

稲荷《いなり》寿司は甘辛く煮た油揚げの中に、酢飯を詰め込んだ食べ物で、最近ではニンジンやシイタケ、ゴボウ、フキ、レンコンなど、さまざまな具を混ぜた寿司飯を詰めたものもある。

稲荷寿司は、いうまでもなく稲荷神社に由来している。稲荷神を祀る神社を稲荷神社といい、京都の伏見稲荷大社がその総本社。「お稲荷さん」といえば伏見稲荷大社を指す。伏見稲荷と佐賀県鹿島市の祐徳《ゆうとく》稲荷、愛知県豊川市の豊川稲荷を日本三大稲荷と呼んでいる（祐徳稲荷に代えて茨城県笠間《かさま》市の笠間稲荷とすることもある）。赤い鳥居と、神社前に置かれた狐の像が稲荷神社のシンボルになっている。

稲荷神の使いとされる狐は、油揚げを好物としている。そのため、油揚げが神酒とともに稲荷神に供えられる。狐の好物の油揚げを使った寿司が、稲荷寿司と呼ばれるようになったことは説明するまでもない。稲荷寿司が米俵の形をしているのは、日本人の主食が米だからなのだろう。だが、西日本では三角形をした稲荷寿司が多い。この三角形は狐の耳の形を模したものだという。

ところで、稲荷寿司はどこで生まれたものなのかというと、信長や秀吉、家康なども信仰が厚かった豊川稲荷の門前で売られたのが最初だといわれている。天保の飢饉（1833～36）の頃、農耕の神である稲荷神に五穀豊穣をお祈りし、狐の好物の油揚げを使った食べ物をお供えしたのが稲荷寿司の始まりだといわれている。天保年間（1830～44）に名古屋の城下で生まれ、それが江戸に伝わったともいわれているが、いつ、誰が考案したものなのか、確たる証拠がない。

豊川稲荷本殿

稲荷寿司の駅弁は、1889（明治22）年に東海道本線の豊橋駅で売り出されたのが最初で、今も壺屋弁当部の「稲荷寿し」は登録商標されていて、おいしく人気の高い駅弁として知られている。

また、稲荷寿司と巻き寿司を組み合わせたものを助《すけ》六《ろく》寿司というが、この助六という名前は、江戸時代の侠客花川戸《はなかわど》助六からきている。助六は愛人であった島原の遊女と心中事件を起こすが、この事件が歌舞伎十八番の一つ「助六所縁江戸桜《すけろくゆかりのえどざくら》」として上演され、人気演目の一つになった。主人公助六の愛人の名前は揚巻《あげまき》といった。そこから、稲荷寿司と巻き寿司を組み合わせたものを、油揚げの「揚」と、巻き寿司の「巻」を取ってストレートに「揚巻寿司」とせず、「助六寿司」としたところに、いかにも江戸っ子らしい洒落が感じられる。

② 佐渡島でもミカンが収穫できる？

日本人にいちばん馴染みのある果実といえば、なんといってもミカンだろう。栽培面積も収穫量もミカンが日本一である。その中でも最も代表的な品種が温州《うんしゅう》ミカンだ。日本でミカンといえば、温州ミカンを指しているといってもいい。温州は中国南東部の東シナ海沿岸にある都市の名前で、温州が温州ミカンの原産地というわけではない。かといって、温州から日本に伝えられたわけでもない。それなのになぜ温州ミカンというのか。

温州はミカンの一大生産地として知られていたので、その「温州」という地名を拝借しただけのこと。原産地は日本なのである。鹿児島県西北端の長島町が、温州ミカンの原産地だといわれており、英語名をサツマオレンジという。

リンゴは寒い地方で栽培されているが、ミカンは関東から九州地方にかけての、太平洋岸の暖かい地方が主産地になっている。和歌山、愛媛、静岡の３県がミカンの三大生産地である。ミカンの経済栽培のできる地域としては、茨城県の筑波山《つくばさん》が北限地だとされている。筑波山は山麓より中腹のほうが気温が高い。この斜面暖域を利用しているので、山麓では栽培できないミカンが、標高の高い中腹で栽培できる。

ところが、筑波山よりはるか北にある佐渡島でも、ミカンが収穫されているのだ。佐渡島は、新潟市の西方30㎞余りの日本海上に浮かぶ沖縄本島に次ぐ大きな島で、海流の影響で気候は比較的温暖である。

その佐渡島の南岸地域にある農家が、２００７年に温州ミカンの早生種約1万トンを市場へ出荷したとして話題を呼んだ。これまでも、佐渡島の農家が自家用に、数本のミカンの木を植えて収穫しているという例はあったが、これだけ大量のミカンを市場へ出荷したというのは初めてのケースである。これで、佐渡島でもミカンの経済栽培のできることが証明された。

近年は品種や土壌の改良、栽培技術の進歩により栽培範囲は拡大しつつあり、地球温暖化の影響も手伝ってミカンの栽培限界は北上しつつある。やがては寒さが厳しい東北や北海道でも、たわわに実るミカンの木を見ることができるようになるのかもしれない。

③ 山梨県はなぜ日本一の果樹王国なのか

農業が盛んな県を農業県というが、農業の中でも特に果樹栽培が盛んな県を果樹王国と呼ぶことがある。その代表的な県の一つに山梨県がある。山梨県は日本一の果樹王国だといっても差し支えないだろう。

だが、山梨県は決して農業が盛んな県ではない。農業産出額は全国で34位と、下から数えたほうが早い。県の面積も全国で32位と狭いほうなので、この順位は妥当なところかもしれないが、果実の産出額だけは、青森、和歌山、長野に次いで全国で4番目に多いのである。

山梨県は日本一のブドウの産地として余りにも有名だが、ブドウを原料にしたワインの一大生産地にもなっている。さらにブドウばかりではなく、モモやスモモの収穫量も日本一だ。そのほか、サクランボは3位、ウメは4位、キウイフルーツは6位というように、果樹王国ぶりをいかんなく発揮している。山梨県は農業産出額に占める果実の産出額の割合が際立って高い。日本の果実の産出額は、農業産出額の8・8％（2012年度）を占めているに過ぎないが、山梨県は農業産出額の実に61・4％が果実の産出額なのである。この比率はもちろん全国一高い。

山梨県がこれほどまで果樹栽培が盛んなのは、果樹栽培に適した気候風土に恵まれているからだともいえる。山梨県の中央部に広がっている甲府盆地は寒暖の差が激しい。この気温差が果実の糖度を高めるのに適しており、果樹栽培が盛んになった大きな要因になっている。

甲州ぶどう　genta_hgr CC BY-SA 3.0

また、山梨県は日照時間が長い。甲府盆地の北縁に位置する北杜《ほくと》市（旧明野村）は、日照時間が日本一長いことで知られているし、都道府県庁所在地では甲府市が最も日照時間の長い都市なのである。それに対して、雨量は年間１１００ミリ余りと全国平均よりかなり少ない。雨量の少ないことと日照時間が長いことも、果樹栽培に適している。さらに、甲府盆地の地質は水はけがよい。水はけのよさも、果樹栽培には欠かせない要因の一つなのだ。
水はけがよいということは、裏を返せば日本人の主食であるコメ作りに適していないということがいえる。したがって、山梨県では米はほとんど栽培されておらず、収穫量は東京、沖縄、神奈川に次いで全国で4番目に少ない。米が収穫できないから、果樹栽培に活路を見出したともいえるのだ。

4 「コシヒカリ」は米の優良品種、では「ギンヒカリ」は？

ブランド商品というと、真っ先にファッション関係のものを思い浮かべるかもしれないが、食品の分野でもブランド力が幅を利かせている。ブランド力は商品の価値を著しく高めるため、その商品のブランド化を目指して盛んに技術開発が行われているのだ。日本人の主食であるコメにも、さまざまなブランド品種がある。その代表といえば、なんといっても「コシヒカリ」だろう。ブランド米の一つに「ササニシキ」という品種があるが、名前はよく似ていても、サトウニシキ（佐藤錦）はサクランボのブランド名だ。このように、品種名がよく似ていても、まったく別の種類の食品である場合がある。

では、「ギンヒカリ」はいったい何のブランド名だろう。コシヒカリと名前が似ているので、コシヒカリと他の品種の交配によって生まれた新しいブランド米だと思う人がいるかもしれないが、米とは縁もゆかりもない魚のブランド名である。群馬県水産試験場（川場養魚センター）で、長いあいだ研究が続けられて育成された最高級のニジマスの品種なのである。群馬県ではこれを地域ブランドとして確立し、消費拡大を目指そうと２００２（平成14）年には商標登録もしている。ニジマスの魚体が銀白色に光り輝いていることから、「ギンヒカリ」と命名された。ニジマスはサケ目サケ科の魚である。そういえば、サケにはギンザケ（銀鮭）という品種もある。別名をギンマスともいう。

群馬で育成されるギンヒカリ　©群馬県水産試験場

ところで、普通のニジマスとギンヒカリのどこが違うのかというと、通常のニジマスは2年で成熟するが、そのニジマスの中から選抜育成して、3年で成熟する品種に確立し、選りすぐられたものがギンヒカリとして登録される。したがって、群馬県で育成されたニジマスがすべてギンヒカリだというわけではなく、厳しい品質管理のもと、一定の基準を満たしたごく一部のニジマスだけがギンヒカリと名乗れるのである。川魚といえば普通は刺身に適していないが、ギンヒカリはむしろ刺身を売り物にしている。大きく育ったものでも、身の締まった肉質のよさに定評がある。

このように、地域活性化のためにも、地域ブランド化を目指した商品開発に真剣に取り組んでいる自治体が少なくない。

5 「ゆすり」という言葉の発祥地

人を脅して金品を巻き上げる行為を「ゆすり」というが、なぜ恐喝することをゆすりというのだろうか。何かを揺り動かすことを「揺する」というが、恐喝の「ゆすり」は、まさに「揺り動かす」が語源になっている。では、いったい誰が何を揺り動かしたことが、恐喝の「ゆすり」になったのかというと、揺り動かされたのは乗り物の一種の駕籠《かご》で、その駕籠を揺り動かした張本人は、駕籠に乗っていた例幣使《れいへいし》であったという。

江戸幕府は徳川家康の忌日（4月17日）に、例幣使を東照宮（当時は東照社）に遣わすことを朝廷に要請していた。それにこたえて朝廷は、例幣使を日光に派遣した。例幣使とは、朝廷から派遣される奉幣使、つまり勅使によって幣帛《へいはく》を東照宮に奉献する使者のことである。例幣使の一行50数名は、4月1日に京都を発ち、4月15日ごろ日光に到着するという行程であった。

例幣使の東照宮への参拝は、1617（元和3）年の東照社落成に始まり、1645（正保2）年に東照社に宮号が授与された翌年からは恒例の行事になった。例幣使は京都から中山道を彦根・木曽路・碓氷《うすい》峠と経由し、高崎市南部の倉賀野《くらがの》宿で中山道と分かれて、コースを東にとった。そして利根川、渡良瀬川を越えて上野国から下野国へ入り、栃木を経て楡木《にれぎ》宿で壬生通《みぶどおり》（日光西海道）に合流。そこからさらに北上を続け、今市《いまいち》宿から日光に至った。倉賀野宿から今市宿までを日光例幣使街道とも呼んでいる（図24）。

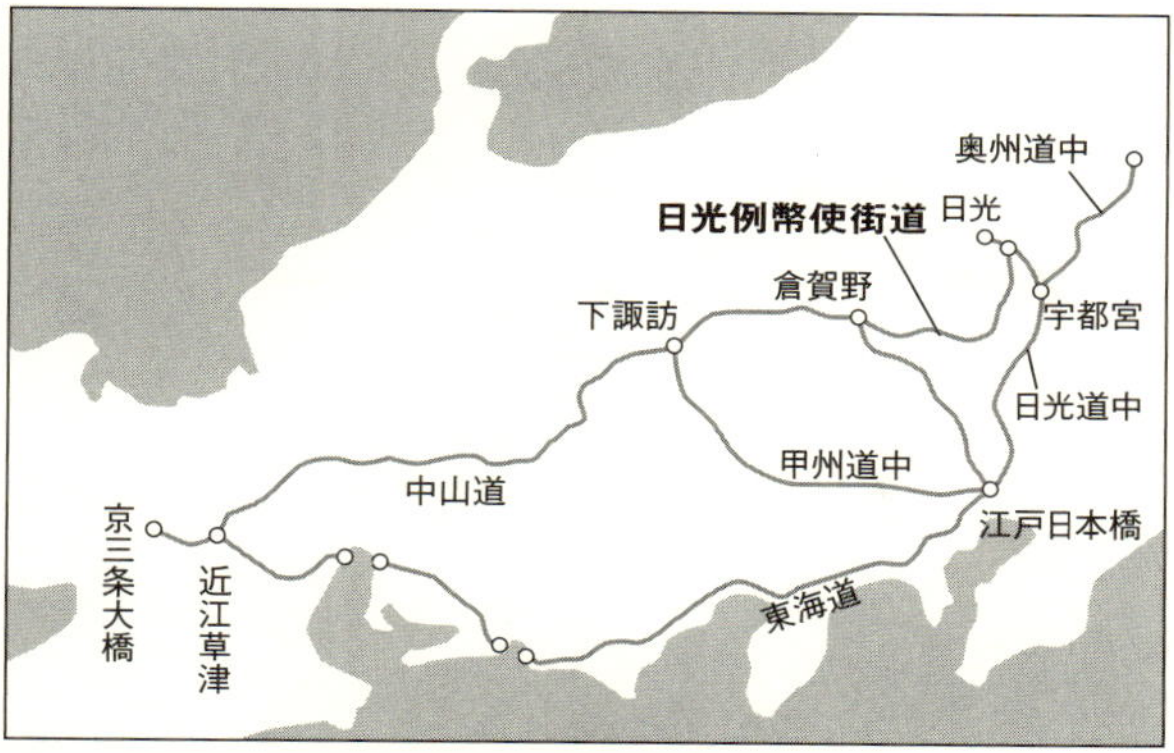

図24　例幣使が通った道と日光例幣使街道

　例幣使も当初は礼儀正しく、紳士的であったというが、宿場など行く先々で手厚いもてなしを受け、それに慣れてくると次第に態度も横暴になってきた。天皇の使いであることを笠にきて無銭飲食や無銭宿泊をくりかえし、何かといっては街道の人々を困らせた。また、駕籠に乗りこむとわざと駕籠を揺すり、担ぎ方が悪いと言いがかりをつけて金品を要求するというように、悪行の限りを尽くした。例弊使の派遣は幕末まで続いた。

恐喝の「ゆすり」は、例弊使が駕籠を揺すって、難癖をつけては金品を要求したことが語源だといわれている。「ゆすり」に「強請」という文字を当てることがあるが、これは「強引に金品を請求する」という意味からきているのだろう。

⑥「上方」の反対語は？

そもそも「上方《かみがた》」という言葉は、江戸時代に生まれたものである。現在でも関西地方のことを上方と呼ぶことがある。上方落語、上方唄、上方歌舞伎、上方浄瑠璃、上方文学、上方絵、上方狂言など、「上方」を冠した言葉がずいぶんあるが、これらを総称して上方文化と呼んでいる。これに対して江戸落語、江戸唄、江戸歌舞伎、江戸浄瑠璃、江戸文学、江戸狂言などは江戸文化と呼ばれ、上方と対になっている。文字から見れば上方の反対語は「下方」ということになるが、反対語は江戸である。江戸と上方は江戸時代からライバル関係にあり、何かと比較されてきたのである。

江戸幕府では、公的には畿内（山城、大和、摂津、河内、和泉）と近江、丹波、播磨を加えた8ヵ国を「上方筋」と定め、先進的な地域として一目置いていた。では、なぜこの8ヵ国を「上方」と呼んだのか。天皇や将軍のことを「上様」といっていたように、「上」は貴人の尊称である。それと同じで、上方は都が置かれている畿内、とくに京都に敬意を表した用語だった。

江戸は政治の中心になったとはいっても、まだ発展途上であり、文化的、経済的にみれば、畿内に比べると大きく遅れていた。したがって、京都、大坂を中心に発達した上方文化は江戸でもてはやされ、優れた文化の代名詞にもなっていた。江戸では上方文化を積極的に取り入れ、食生活の面でも大きな影響を受けた。たとえば、江戸では酒や醤油など上方でつくられたものは、上方から下ってきたもの、という意味から「下り物」と呼ばれ、上質な食品として珍重された。いってみれば、上方産は一種のブランドのようなものだったのである。

上方産に対して、江戸およびその近辺でつくられたものは品質も劣っており、上方から下ってきたものではないとして、下り物とは区別して扱われた。価格も上方のものよりはるかに安かった。価値のないものや、つまらないものを「下らない」というが、これは上方からの「下りものではない」、すなわち品質に劣る江戸ものだということが語源だといわれている。江戸の中期になると、先進的な文化が江戸でも開花し、江戸文化と呼ばれるようになった。

「下らないもの」にも諸説があり、「下らない」の「くだら」は朝鮮半島の百済のことで、「百済のものではない」というのが語源だとする考えもあるが、これは何の根拠もなく、ことば尻をとらえた俗説だと思われる。

7 選抜高校野球は名古屋が発祥地

高校野球は今では、国民的行事になったといってもいいほどの盛り上がりをみせている。特に、甲子園を舞台に春と夏に行われる硬式の全国大会は連日熱戦が繰り広げられ、日本中の野球ファンを大いに喜ばせてくれる。春に開催される高校野球は「選抜高等学校野球大会」といい、日本高等学校野球連盟（高野連）と毎日新聞社が主催。夏の「全国高等学校野球選手権大会」は高野連と朝日新聞社の主催で行われている。

大会の歴史は夏の高校野球のほうが古く、第1回大会は1915（大正4）年、大阪府豊中市（当時は豊能《との》郡豊中村）の豊中球場（豊中グランド）で、「全国中等学校優勝野球大会」として開催された。豊中球場は高校ラグビー・サッカー・アメフトの発祥地でもある。当時としては日本一設備の整った球場として知られていたが、1922（大正11）年に閉鎖され、跡地は住宅地に変貌している。その跡地の一角が高校野球メモリアルパークとして整備され、「高校野球発祥地」のモニュメントが建てられている。

第1回大会の出場校はわずか10校にすぎなかったが、予想以上の盛り上がりをみせた。翌年の大会では観客を収容しきれなかったため、1917年の第3回大会からは舞台を兵庫県西宮市（当時は武庫郡鳴尾村）の鳴尾球場に移された。甲子園球場で行われるようになったのは、第10回大会（1924年）からである。なお、第1回大会の優勝校は京都府立第二中学校（現・鳥羽高校）であった。

名古屋市にあるセンバツ発祥の碑

春の選抜高校野球の発祥地は関西地区ではなく、意外にも名古屋だった。夏の大会に遅れること9年、1924（大正13）年に名古屋市昭和区にあった山本球場で開催された。山本権十郎氏が自費で開設したもので、収容人員は約2000人。名古屋で初めての本格的な野球場であった。8校が出場し、香川県の高松商業学校が優勝している。山本球場で開催されたのは第1回大会のみで、翌年の第2回大会からは舞台を甲子園球場に移している。なぜ名古屋で開催されたのかが疑問だが、当時東海地方は関西地区とともに野球が最も盛んな地域だったというのが理由らしい。甲子園は建設工事の真っただ中にあった。

山本球場は1947（昭和22）年から、社会人チームの名古屋鉄道局の本拠地となって国鉄八事《やごと》球場と改名されたが、1990年に閉鎖された。球場の跡地は団地になって当時の面影はないが、現在は本塁ベースがあったあたりに、「センバツ発祥の地」と刻まれたモニュメントが建っている。

8 東海道は「七里の渡し」、では「十里の渡し」「三里の渡し」とは？

江戸時代の五街道の一つである東海道は、江戸と京を結ぶ幹線道として最も重要視されていた。その東海道に唯一、海上区間があった。宮宿（名古屋市熱田区）と桑名《くわな》宿（三重県桑名市）の間の「七里の渡し」である。海上の移動距離が7里あることに由来した名称だが、七里の渡しは「宮の渡し」、あるいは「熱田の渡し」ともいわれた。

「箱根八里は馬でも越すが、越すに越されぬ大井川」といわれたように、箱根と大井川は東海道の難所として知られていたが、七里の渡しはそれ以上の難所だったといってもよかった。

海が荒れて何日も足止めを食うこともあったし、なによりも船酔いしやすい旅人にとっては、どこよりも難所であったに違いない。難所を控えた宿場には旅籠《はたご》が多い。宮宿と桑名宿は東海道五十三次の中でも旅籠の数が最も多い宿場であったことからも、いかに七里の渡しが難所であったかがわかる。

七里の渡し

七里の渡しとはいっても、海上区間はいつも7里あったわけではない。満潮時には沿岸の島の間を通り、干潮時には沖合のルートを航行したからである。そのため、干潮時の航路は9〜10里になることもあったという。

また、七里の渡しとは別に、「十里の渡し」という航路も開設されていた。十里の渡しは、宮宿と四日市宿を結ぶルートとして幕府の認可を受けて開設されている。十里の渡しは、満潮時の航行距離が10里あったことから十里の渡しと呼ばれるようになったわけではなかった。官道として定められていたのは七里の渡しのほうで、参勤交代などの公用ではもっぱら七里の渡しが利用された。だが、一つ先の宿場まで歩かずに行ける十里の渡しは旅人たちに人気があり、そのため、桑名宿と四日市宿との間で客の争奪をめぐる争いがしばしば発生したといわれる。

東海道には「三里の渡し」という航路もあった。3代将軍徳川家光のために開設したルートだといわれている。家光は船に弱く、いつも七里の渡しで船酔いに苦しめられていた。それを見かねた尾張徳川家初代藩主の義直は、宮から桑名までの陸路を開設した。それが東海道の脇往還の佐屋《さや》街道である。陸路とはいっても、佐屋宿から桑名宿までの区間は木曽川を航行しなければならず、その水上区間が3里だったのだ。木曽川はしばしば海が荒れる伊勢湾に比べれば格段に船の揺れは少ない。家光は船酔いから解放される三里の渡しの開設を大いに喜んだことだろう。

9 油田は太平洋岸にも存在していた

日本は鉱物資源が少ない。日本の経済成長に大きな役割を果たしてきたエネルギー資源の石油も、ほぼ100%を外国からの輸入に依存している。しかし、日本でまったく石油が産出されなかったわけではない。7世紀頃、原油が天智天皇に献上されたという記録もあり、古くから石油の存在は知られていたようだ。

本格的に石油が採掘されるようになったのは明治に入ってからで、油田は北海道の西部から秋田、山形、新潟にかけての日本海側のごく限られた地域に集中している。国外の安い原油には太刀打ちできず、ほとんどの油田は採掘されなくなってしまったが、秋田市にある八《や》橋《ばせ》油田などのように、現在もほそぼそと操業している油田もある。

ほとんどが日本海側にあった油田だが、全国で唯一、太平洋側にも油田が存在していた。静岡県牧之原市（旧相良《さがら》町《ちょう》）で、昭和の半ばまで相良油田が操業していた。相良油田は1872（明治5）年、元浜松藩士によって発見され、翌年から採掘が開始された。当初は手掘りでの採油だったが、1874（明治7）年には、日本石油によって日本で初めてとなる機械掘りが行われるようになった。相良油田で採掘する原油は極めて良質なものであったといい、最盛期には720kℓ余りの原油を産出、数百人もが就労する相良の一大産業であった。しかし、外国からの安い石油におされて産出量も減少の一途をたどり、1955（昭和30）年には廃止に追い込まれている。相良油田跡は「油田の里公園」として整備され、油田資料館や手掘り小屋、手掘り井戸などが残されている。

新潟県胎内《たいない》市（旧黒川村）にあるシンクルトン記念公園は、日本最古の油田跡が公園として整備されたもので、公園名は英国人シンクルトンによって初めて手掘りによる採掘が行われたことに由来している。

最近は海底油田が各地で発見されている。石油はその国の経済成長を左右しかねない貴重なエネルギー資源であるだけに、油田が領土紛争の原因にもなっている。日本と中国や台湾との間でも、尖閣諸島の領有を巡る紛争がくすぶり続けている。周辺の海域に膨大な埋蔵量を有する海底油田の存在が確認されているからである。

⑩ トヨタの企業城下町、豊田市は高知県の何が20倍？

日本の工業は臨海部で発達している。港湾が工業地帯の立地で重要な条件になっていたからである。京浜、中京、阪神などの大工業地帯は、いずれも太平洋岸の港湾を核に発達している。日本が高度成長期に入ってから、工業用地を確保するため、沿岸部が盛んに埋め立てられたからなのだが、近年は内陸部にも工業地帯が発達している。高速道路の発達で陸上でも大量輸送が容易になったからだ。

日本最大の工業都市である豊田市も内陸部にある。とはいっても、国際貿易港の名古屋港

《都道府県別製造品出荷額》

都道府県	製造品出荷額（億円）	都道府県	製造品出荷額（億円）	都道府県	製造品出荷額（億円）
北海道	6兆0038	石川	2兆4028	岡山	7兆7211
青森	1兆5188	福井	1兆8281	広島	8兆7665
岩手	2兆1100	山梨	2兆3371	山口	6兆3585
宮城	3兆5847	長野	5兆6803	徳島	1兆6844
秋田	1兆3271	岐阜	4兆8734	香川	2兆6277
山形	2兆7708	静岡	15兆8848	愛媛	3兆8045
福島	5兆1169	愛知	38兆3532	高知	4750
茨城	10兆8777	三重	9兆7909	福岡	8兆2491
栃木	8兆4900	滋賀	6兆5939	佐賀	1兆6751
群馬	7兆5651	京都	4兆8776	長崎	1兆7510
埼玉	12兆9628	大阪	15兆8932	熊本	2兆5316
千葉	12兆4137	兵庫	14兆2454	大分	4兆0866
東京	8兆4488	奈良	1兆9360	宮崎	1兆3204
神奈川	17兆3221	和歌山	2兆6902	鹿児島	1兆8385
新潟	4兆3639	鳥取	8474	沖縄	5726
富山	3兆2380	島根	9924	全国	290兆8029

（経済産業省「工業統計」2010）

や三河港から、数十キロという至近距離に立地している都市なのだが。

豊田市は言わずと知れたトヨタ自動車の企業城下町で、就業者の80％以上が何らかの形でトヨタ自動車に関わっているという。製造品出荷額は工業がどれだけ盛んであるかの指標になっているが、豊田市は人口約40万人の中規模の都市に過ぎないのに、製造品出荷額は9・7兆円（2010年度）と群を抜いて多い。

都道府県単位でみても、豊田市の製造品出荷額を上回っているのは、豊田市を有する愛知県を別にすれば、神奈川（17・3兆円）、大阪（15・9兆円）、静岡（15・9兆円）、兵庫（14・2兆円）、埼玉（13・0兆円）、千葉（12・4兆円）、茨城（10・9兆円）、三重

（9・7兆円）の8府県だけ。豊田市がいかに工業の盛んな都市であるかがわかるだろう。一つの市と一つの県を比較してみたところで、普通は勝負にならないはずだが、豊田市を愛知県から分離して一つの県とみなしても、製造品出荷額は全国でも上位にランクされるのである。

最も工業が振るわないのは高知県で、製造品出荷額はわずか0・48兆円。人口40万人の豊田市の20分の1に過ぎない。ちなみに、愛知県の製造品出荷額は38・4兆円で、東京都（8・4兆円）の4・5倍、高知県の80・7倍という著しい差がある。工業が盛んな地域と振るわない地域とでは、これだけ大きな格差があるのだ。なお、愛知県は1976（昭和51）年以来38年間、製造品出荷額の日本一を記録している。しかし、愛知県が日本一の座に付く前までは神奈川県が日本一で、その前は東京都だった。さらにその前は大阪府が日本一だったというように、工業が盛んな地域は移動している。

11 日本にある世界一の金鉱山とは

金は古代から最も価値の高い貴金属として珍重されてきた。貨幣としても使用され流通してきた。人類が指輪やブローチなどの装飾用に初めて使った金属も金だと言われている。金に勝る輝きのある金属はないからなのか、いつの時代も金への憧れには特別のものがある。

南アフリカや中国が金の産出地としてよく知られているが、世界のどこよりもすぐれた金鉱山が、じつは日本にあるのだ。日本で金といえば佐渡金山が最も有名だが、佐渡金山よりもはるかに多くの埋蔵量を有している金山が九州にある。鹿児島市の中心部から、50km余り北の山中にある菱刈《ひしかり》鉱山（伊佐《いさ》市）がそれである。

江戸時代から菱刈が産金地であることは知られており、しばしば試掘も行われてきたが、本格的に金の採掘が始まったのは近年になってからのことだ。昭和40年代から住友金属鉱山が金属鉱業事業団の協力のもとに金鉱の探査を行い、１９８１（昭和56）年に金鉱脈が発見された。１９８５年から金の採掘が開始され、毎年６～８ｔ（トン）の金が産出されている。日本の金の産出量のほとんどが、菱刈鉱山で産出されているのである。

佐渡金山がおよそ４００年かけて産出した金は78ｔだといわれている。ところが、菱刈鉱山ではわずか20年余りの間に、その２倍以上の金を産出している。埋蔵量はすでに採掘した分を含めて約３１０ｔ（佐渡金山の約４倍）あるという。

菱刈鉱山の何がすごいのかというと、その品質の高さにある。世界的な金の産出地として知られている南アフリカや中国の鉱山でも、金は鉱石１ｔから５ｇほどしか採れないが、菱刈鉱山では1t当たり約40gもの金が含まれている。金の埋蔵量では南アフリカや中国などにははるかに及ばないが、品質においては圧倒的に菱刈鉱山の金のほうがすぐれているのである。

菱刈鉱山で採掘された金鉱石は、鹿児島湾にある加治木港《かじきこう》まで陸送され、そこから専用船で愛媛県の西条市にある住友金属鉱山東予工場に運ばれる。そこで精製されて、金地金や工業用ショット金などの製品に生まれ変わっていくのである。

12 東京より南の町で雪まつり

雪祭りというと、たいていの人は「さっぽろ雪まつり」のような、巨大な雪像が陳列される北国の雪の祭典を思い浮かべることだろう。したがって、必ず雪が降る北国の町でなければ、開催することができない祭りだと思っているに違いない。ところが、東京より南にある町で、しかも雪がまったく積もっていなくても毎年欠かさず行われている雪祭りがあるのだ。その雪祭りは、観光目的で始められた札幌などの雪祭りと違って歴史は古く、国の重要無形文化財にも指定されている伝統的な行事なのである。

長野県の南端、愛知県との県境に近い天竜川西岸の丘陵地帯に開けている阿南町《あなんちょう》は、東京より40kmほど南に位置している。その小さな町で催されている「新野《にいの》の雪まつり」が、雪がまったく積もっていなくても行われる珍しい雪祭りである。鎌倉時代に、流浪の旅を続けた末に新野にたどり着いた伊豆の伊東小次郎という人物が伝えた薪能《たきぎのう》が、この雪祭りのルーツだといわれている。

長野県阿南町で行われる新野の雪祭り　©阿南町役場

「新野の雪まつり」は毎年1月14～15日前後に、阿南町新野にある伊豆神社の境内で繰り広げられる。雪像を競う祭りではないので、たとえ雪が積もっても雪像が作られることはない。雪を稲穂の花に見立て、豊年（大雪）を祈る神事だからである。雪まつりと呼ばれるようになったのは大正末期になってからで、命名者は日本芸能の原点ともいえるこの例祭を、広く世に紹介した国文学者の折口信夫《おりぐちしのぶ》だといわれている。当日に雪が舞うと、その年は豊年になるとの言い伝えがある。

松明《たいまつ》に点火され、古式ゆかしい伝統行事の幕開けとなる。伊豆神社の境内では田楽や舞楽、神楽、猿楽、田遊びなどの神事が、仮面をつけた神々によって徹夜で披露され、五穀豊穣、子孫繁栄、家内安全を祈願する。仮面をつけて舞う例祭であることから、別名を仮面祭りともいわれている。雪がなくても催される祭りだとはいえ、神前に雪を供えなければならないので、雪のない年は遠くの峠や山まで出かけていって雪を運んでくる。

それにしても、雪が積もっていないのに開催される雪祭りがあるとは、新野の雪まつりを知らない人はさぞびっくりすることだろう。

13 奈良の東大寺にある井戸を なぜ若狭井というのか

奈良東大寺の二月堂は、奈良市街を望む眺望がすばらしいところとして知られている。この二月堂で毎年3月に催されている「お水取り」は春を告げる風物詩にもなっており、全国から多くの人が訪れる。お水取りは3月1日から2週間にわたって続けられる修二会《しゅうにえ》の中の行事の一つで、過去の罪を懺悔《ざんげ》して人々の幸せを祈る儀式である。3月12日（旧暦の2月）の夜7時頃になると、二月堂の舞台では長さが7m余りもある11本の籠松明《かごたいまつ》が振り回され、火の粉が降り注ぐ。この炎は遠く奈良市街からも見ることができる。そして深夜の2時頃、二月堂下の「若狭井《わかさい》」という井戸から御香水《おこうずい》を汲み、本尊の十一面観音に供えられる。

では、なぜ御香水を汲み上げる井戸を若狭井というのだろうか。若狭井の「若狭」は、いうまでもなく現在の福井県西部の若狭国のことである。言い伝えによると、752（天平勝宝4）年、東大寺の造営に尽力した実忠《じっちゅう》和尚は二月堂を創建し、2月（旧暦）の初めに全国の神様を招いて修二会を催した。ところが、若狭国の神様の遠敷《おにゅう》明神だけが修二会が始まる時間に遅れて、深夜になってやっとやってきた。遠敷明神はこの無礼を深く詫び、その償いとして本尊に供える御香水を毎年送ることを約束した。すると、二月堂の下の岩が割れ裂けて2羽の鵜《う》が飛び立ち、水が湧き出してきた。そこから、水が湧き出してきた井戸を若狭井と呼ぶようになったのだという。若狭井のある建物の屋根の四隅に、鵜をかたどった瓦《かわら》が載っているのはこの伝説に由来している。

お水取りが3月13日の未明に行われるのは、若狭国の遠敷明神が修二会に遅れて到着した時刻が2月13日（旧暦）の未明だったからで、その時間に合わせてお水取りが行われるのである。

お水取りに対して、若狭井に御香水を送る「お水送り」という行事も行われている。お水取りがあまりにも有名なため影が薄いが、福井県小浜市を流れる遠敷川中流の鵜の瀬という渓流で、毎年3月2日にお水送りの儀式が行われている。鵜の瀬と東大寺二月堂の若狭井とは地中でつながっており、御香水は10日かけて鵜の瀬から若狭井に届くのだといわれている。お水取りの儀式は、これまで一度も途切れることなく現在まで脈々と続けられている伝統行事で、２０１４年に行われたお水取りで１２６３回目になる。

⑭ 伊豆長岡温泉では祭りになぜ下駄を焼く？

伊豆半島北部の狩野川《かのがわ》西岸にある伊豆長岡温泉で、毎年11月になると下駄《げた》を焼くというユニークな祭りが行われる。下駄は日本の履物文化を伝える代表的なもので、ひと昔前まではどの家庭でも見ることができた。その下駄も今ではすっかり影を潜め、若い人の中には下駄を見たことがないという人さえいる。

だが温泉街などでは、今でも下駄は商売上欠かせない大切なものになっており、カランコロンと音をたてて散歩する宿泊客の浴衣姿には独特な温泉情緒がある。そして、地面を蹴る下駄の音の大きさが、温泉街の活気、賑わい度を示すバロメーターにもなっている。

そこで伊豆長岡温泉では、宿泊客が履き古した下駄に感謝を込め、各旅館が持ち寄った使い古しの下駄を一ヵ所に集めて、篝火《かがりび》で焼くという下駄供養祭を催している。下駄供養祭は下駄を焼くこと自体が祭りなのであり、宿泊客の無病息災を願い、商売繁盛、千客万来を祈願する。

祭りには多くの露店が軒を並べ、餅つきや餅なげ、下駄ダンスコンテストなど催しも多彩だ。下駄供養祭は昔から脈々と受け継がれてきた伝統的な行事ではなく、戦後生まれの極めて新しい祭りである。2014年で53回目を迎える。

そもそも下駄供養祭は、江戸時代の俳人捨女《すてじょ》の名句「雪の朝二の字二の字の下駄の跡」にヒントを得て、温泉街の発展を祈願する祭りとして始められたものである。下駄を履く人は、下駄の歯で漢字の「二」の字を地面に刻みながら歩くが、「二」の字を立てると「11」になる。つまり「二の字二の字」は「11の字11の字」、そこで伊豆長岡温泉では、毎年11月11日に使い古された下駄と、その下駄を履いてくれた宿泊客に感謝の気持ちを込め、下駄供養祭が始められるようになったのである。

新潟県北部の新発田《しばた》市郊外にある月岡温泉でも、「どんど祭り」の名で下駄供養祭が行われている。月岡温泉では2月11日を祭礼日に当てており、2014年で35回目と、伊豆長岡温泉よりもさらに新しい祭りである。

15 山陰でも催されている秋田の竿灯

秋田の竿灯《かんとう》といえば、青森のねぶた、仙台の七夕とともに東北三大祭りの一つに数えられる夏の一大イベントである。真夏の暑さからくる睡魔を払い、邪霊を流して五穀豊穣を祈願する「眠り流し」として始められた伝統行事で、長い竹竿に吊された46個の提灯《ちょうちん》（24個のものもある）は豊かにみのる稲穂を表している。火が灯された何百本もの竿灯が、笛や太鼓に合わせて街を練り歩く行列は迫力満点。長い竹竿を肩や腰、額などに乗せて腕を競う妙技に、沿道を埋め尽くした観客から大きな歓声が沸き上がる。

この秋田の竿灯そっくりの祭りが、山陰の鳥取県でも催されているというからびっくりである。「がいな万灯」といい、鳥取県西部の米子市で毎年8月に催される「がいな祭り」最大の呼び物になっている。がいな祭りは１９７４（昭和49）年から始まった歴史の新しい祭りのため、この祭りをもっと盛り上げようと、がいな祭りの目玉のイベントとして生まれたのが、「山陰の竿灯」ともいえる「がいな万灯」だった。秋田の竿灯をそっくり真似たものなのだ。「がいな」は「大きい」を意味するこの地方の方言である。

　そもそも、がいな万灯は１９８６（昭和61）年、陸上自衛隊米子駐屯地に研修に行った際に秋田の竿灯に出会い、その魅力にとりつかれて秋田駐屯地の隊員に手ほどきを受け、米子のがいな祭りに導入したのが始まりである。その名も「がいな竿灯」といった。これを知った秋田市竿燈まつり実行委員会は、伝統ある秋田の竿灯を冒とくするものだとして米子竿灯に苦情を呈した。そして名称の変更および提灯を吊るした竹竿の形状も変更し、さらに県外での公演の禁止を求める念書を取り交わした。これに対して米子側では翌年から、がいな竿灯から「がいな万灯」への名称変更には応じたものの、竹竿の形状などは秋田側の再三の注意も聞き入れず、にらみ合いが続いてきた。

米子がいな万灯　©米子がいな祭企画実行本部

　ところが２００８年に韓国のソウルで、９月に開催予定の文化交流イベント「日韓交流おまつり」から、がいな万灯に出演依頼が舞い込んだ。米子がいな祭りのメンバーは急きょ秋田市を訪問し、文化交流イベントからの出演依頼の報告とこの催しに参加することへの理解を求めた。これに対して、秋田側は竿灯をそっくり真似たがいな万灯の形状の変更を条件に、日韓交流まつりへの参加を認めた。そのため、すでに参加が決まっている秋田の竿灯と米子のがいな万灯が、同じ舞台で競演するという皮肉な現象が起きてしまったのである。

16 戦国武将はなぜ愛知県出身が圧倒的に多いのか

１４６７（応仁元）年に勃発した応仁の乱で将軍の統制力が弱まってくると、下剋上《げこくじょう》の風潮が高まり、激しい戦いを勝ち抜き台頭してきた武将たちが各地を支配した。戦国時代の到来である。伊達（東北）、北条（関東）、上杉（越後）、武田（甲斐）、毛利（中国）、長宗《ちょうそ》我《か》部《べ》（四国）、島津（九州）などといった戦国武将たちが群雄割拠し、勢力圏を拡大して全国統一をうかがった。

ところで、なぜ戦国武将は東海地方、とりわけ愛知県（尾張および三河）出身者が際立って多いのだろう。天下人になった織田信長や豊臣秀吉、徳川家康の三英傑がすべて愛知県の出身だということはよく知られているが、そればかりではない。加藤清正や前田利家、山内一豊、福島正則、本多忠勝など、戦国武将の3分の2以上は愛知県の出身だといわれている。

各地にある城郭も、その多くは愛知県出身の大名が築いている。「天下の名城」の誉れが高く、世界遺産にも登録されている姫路城も、築城したのは愛知県出身の池田輝政である。

なぜ愛知県からこれだけ多くの戦国武将が輩出されたのか。これは単なる偶然なのだろうか。いやそうではない。なるべくしてなったといえるのだ。愛知県には濃尾平野という広大な穀倉地帯が広がり、気候や地形にも恵まれていたため経済的に豊かな地であった。それに、東海道や中山道など主要な街道が交わる交通の要衝であるとともに、軍事上の拠点としても重要視されていた。この地理的有利さが、戦国武将を生む土壌になっていたとも考えられる。

京に近いという地の利も大きい。というのも、天下を統一するには上洛して天皇や将軍の権威を借り、天下統一の号令を発しなければならないからだ。京に近いことが天下を統一するには非常に有利な条件になっていたのである。織田信長が近江（滋賀県）の安土に居城を構えたのも、より京都に近くなるからにほかならない。天下統一を果たすためには、まず自分の領土を治めるとともに、京に近い地域も支配下に置く必要があった。

最初に天下統一を唱えた信長が愛知県の出身だったということが、愛知県から多くの戦国武将を輩出した最大の理由だったといえる。信長の家来も当然のことながら、愛知県出身者が多くを占めることになる。信長の息のかかった家来が、全国に配属されて各地域を支配したのである。信長の後継者の豊臣秀吉も、信長と同盟関係にあった徳川家康も愛知県出身だから、権力の中枢を占める家臣たちに、愛知県出身の武将が多くなるのは当然のことだったのである。

おわりに

本書では、日本の地形や地名、文化、歴史など、地理のごく一部を紹介したにすぎない。日本にはまだまだ謎や疑問が隠されている。知れば知るほど面白いのが地理である。地理には興味がないとか、面白くないと思っている人たちの多くは、学校で無味乾燥な授業を受けてきた人たちではないだろうか。だが本書を読んだ人は、地理ってこんなに興味深いものだとは知らなかったと思ってくれたに違いない。

本書を読んでいただいて、ユーラシア大陸の東側の太平洋上に浮かぶ小さい日本が、じつは随分大きな国であったことを再認識していただけたのではないかと思う。そして、自分たちが住んでいる地域のことなのに、意外に知らないことが多かったことに気付いたのではないだろうか。

地理を面白く思うには、まず自分たちが住んでいる土地の歴史や文化に興味を持つことだ。深く考えなければ、なにも感じることなく通り過ぎてしまうことでも、「あれっ、どうしてだろう」と疑問を持ち、好奇心を抱くことによって地理により興味が湧いてくるはずである。それを一つひとつ解明していくことに、地理の本当の面白さがある。まさに「地理の深掘り、謎解き」である。謎や疑問が解けたときの喜びは格別で、「そういうことだったのか」と妙に納得し、地理がますます好きになるに違いない。

日本の複雑な地形は各所に名所や景勝地を生み、多くの観光客が訪れる人気のスポットになったりしている。伝統行事や味覚なども地域によって異なり、実にバラエティーに富んでいる。地理の知識があると、テレビの旅番組なども興味深く楽しく見ることができるものだし、自分が旅行に出かけたときには、それらの知識が大いに役立つはずである。レジャーの多様化で、旅行を楽しむ人が増えているが、旅行には地図や地理の知識が欠かせない。最近は鉄道に興味を持っている女性も多く、「鉄子」などという用語まで生まれているが、地理の知識なくしては鉄道旅行もつまらない。

本書では、学校ではほとんど教えてくれない、これまで数々刊行されてきた地理の本ではあまり紹介されなかったネタを幅広く網羅したつもりである。これを読んで地理の面白さに気づいていただけたら幸いである。

なお、本書を刊行するにあたって実業之日本社の沖田雅生さんには並々ならぬご協力をいただいた。厚くお礼を申し上げます。

2014年7月

浅井建爾

【参考文献】

・『日本地名大百科ランドジャポニカ』（小学館）
・『コンサイス日本地名事典』（三省堂）
・『世界大百科事典』（平凡社）
・『百科事典マイペディア』（平凡社）
・『ブリタニカ国際大百科事典』（ブリタニカジャパン）
・『広辞苑』（岩波書店）
・『角川日本史辞典』（角川書店）
・『全国市町村要覧』（第一法規出版）
・『データでみる県勢』（矢野恒太記念会）
・『日本地図』（帝国書院）
・『最新基本地図』（帝国書院）
・『新詳高等地図』（帝国書院）
・『旅に出たくなる地図　日本編』（帝国書院）
・『今がわかる時代がわかる日本地図』（成美堂出版）
・『新詳日本史図説』（浜島書店）
・『日本史年表』（河出書房新社）
・『理科年表』（丸善）
・『日本地名ルーツ辞典』（創拓社）
・『日本地名事典』（新人物往来社）
・『地名の由来を知る事典』（東京堂出版）
・『新日本ガイド　前23巻』（日本交通公社出版事業局・現ＪＴＢパブリッシング）
・『日本の祭』（主婦の友社）
・各市町村郷土資料およびホームページ
・国土交通省・総務省・環境省・農林水産省・厚生労働省・経済産業省・気象庁・文化庁の資料およびホームページ
・国土地理院の地形図

著　者

浅井 建爾（あさい けんじ）

地理・地図研究家、日本地図学会会員。著書に『地図・地名からよくわかる！京都謎解き街歩き』『知らなかった！「県境」「境界線」92の不思議』『えっ？本当？！地図に隠れた日本の謎』（以上、実業之日本社）、『日本全国地図の謎』『くらべる地図帳』（東京書籍）、『難読・誤読 駅名の事典』（東京堂出版）、『日本全国「駅名」地図帳』、『鉄道なるほど日本一！事典』（以上、成美堂出版）、『地理と気候の日本地図』（PHP 研究所）、『日本の地名雑学事典』『大人のための日本地理』（日本実業出版社）、『日本一周サイクリング無銭旅行』（日本文芸社）など多数。

JIPPI Compact

じっぴコンパクト新書　205

まだまだ知《し》らないことだらけ！

地《ち》理《り》・地《ち》図《ず》・地《ち》名《めい》からよくわかる ニッポンの謎《なぞ》87

2014年9月15日　初版第1刷発行

著　者……………浅井建爾

発行者……………村山秀夫

発行所……………実業之日本社

〒104-8233　東京都中央区京橋 3-7-5　京橋スクエア

電話（編集）03-3562-1967

（販売）03-3535-4441

http://www.j-n.co.jp/

印刷所……………大日本印刷株式会社

製本所……………株式会社ブックアート

ISBN978-4-408-33517-9（編集企画第三）